よくわかるヒンドゥー教

瓜生 中

角川文庫
23069

はじめに

紀元前一五〇〇年ごろ、ヨーロッパに居住していたアーリア人がインド北西部、インダス川上流のパンジャーブ地方に侵入し、原住のドラヴィダ系民族を征服した。その後、アーリア人はガンジス川流域に侵入し、非アーリア系の民族と同化しながら版図を広げていった。

彼らはヴェーダという聖典に基づく確固たる宗教を持っていたが、非アーリア人と交流を繰り返すとともに、土俗の信仰や習俗などを取り入れて独自の宗教を醸成していった。

その過程でアーリア人は肌の色や体格の違いから非アーリア人を下位に置く厳格な階級制度、いわゆる「カースト制度」を確立し、自らをバラモンと位置付けて他の階層の介入を退けた。彼ら支配階級（アーリア人）が確立した宗教をバラモン教と呼び、これがヒンドゥー教の基底を成している。

早い時代にカースト制度を確立すると、アーリア人は非アーリア人を排斥することなく、カースト制度を基軸とする社会の中で共存して土着の宗教や習俗を吸収し、非アーリア人もアーリア人のもたらしたバラモン教を無理なく受け入れた。そして、紀元前四、五世紀から数百年の歳月をかけて、バラモン教はあらゆる階層のインド人に支持される民間信仰へと発展した。このあらゆるものが複雑に入り混じった宗教がヒンドゥー教である。

『マハーバーラタ』の中に「ここにあるものは他にもある。ここにないものは他にはない」という言葉がある。単に宗教だけではなく、習俗や人生哲学など、とにかくヒンドゥー教にはインドのあらゆる事相が含まれている。その意味でヒンドゥー教は宗教というカテゴリーには到底収まりきらないもので、まさに「インド教」と呼ぶにふさわしい。

また、ヒンドゥー教にはキリスト教の『聖書』やイスラム教の『コーラン』のような拠《よ》り所となる特定の経典がない。だから、一つの柱を立てて体系的にとらえることは難しい。小著ではそんなとらえどころのないヒンドゥー教について、できるだけ分かり易く解説を試みた。

小著を通してヒンドゥー教の一端に触れ、ヒンドゥー教とはこういうものなのだということを感じ取っていただければ幸いである。

二〇二二年　早春

瓜生　中

目次

第三章 ヒンドゥー教の生活と儀礼

第四章　ヒンドゥー教の神々

第一章　ヒンドゥー教を知るための基礎知識

ヒンドゥー教とは何か

インドでは観光案内などのポスターに、「インド」あるいは「インディア」という言葉は見当たらない。ヒンディー語で用いられる文字のデーヴァナガリーで「バーラト」と大きく書かれているだけだ。インドの正式名称は、じつは「バーラト・ガナラージャ・バーラト共和国」という。バーラト（サンスクリット語でバーラタ）はガンジス川上流域に住む「バーラタ族」のことで、彼らの住む土地がバーラタと呼ばれた。大叙事詩『マハーバーラタ』に詳しく語られており、『マハーバーラタ』はヒンドゥー教の思想や信仰と深く結びついている。

インドの起源は釈迦《しゃか》よりも二〇〇〇年以上前の紀元前二五〇〇年ごろ、西方のインダス川流域にインダス文明の萌芽《ほうが》が見られ、その後、約一〇〇〇年にわたって栄えた。モヘンジョダーロやハラッパーなどの遺跡からは多くの出土品が発掘されているが、未《いま》だ文字の解読が進まず、その全貌《ぜんぼう》は明らかになっていない。インダス文明は紀元前一八〇〇年ごろに滅びたと考えられている。滅亡の原因は気候変動説や河川氾濫《はんらん》説、内部抗争、異民族の侵入など諸説あるが未だ定説は得られていない。

ただ、紀元前一五〇〇年ごろ（諸説あり）、アーリア人が侵入して原住のドラヴィ

本書で紹介する主な都市等

ダ系の民族を征服したことは確かなようである。かつては、このアーリア人の侵入によってインダス文明が滅ぼされたという見解が有力だった。しかし近代の発掘調査からは、構築物の甚だしい破壊の痕《あと》や戦闘による犠牲者の大量の遺骨などは発見されておらず、その説は否定されている。

アーリア人はもともと、ヨーロッパ北部のブナの木が原生する広い地帯に住んでいたと考えられ、いわゆる「インド・ヨーロッパ諸語」を共通の言語とし文化を共有する一大民族だったといわれている。このアーリア人が早い時期に南下をはじめ、黒海《こっかい》のあたりで東西に分かれ、西に向かった者はイラン・アーリアン（ペルシャ人の母体）を形成し、東に向かった者はインド・アーリアン（インド人の母体）となったと考えられている。

これら二つのアーリア人は共通の文化を持ち、イランの「アヴェスター」という聖典とインドの「ヴェーダ」という聖典には共通の神も見られ、前者はゾロアスター教の、後者はバラモン教の根本聖典となった。そして、ゾロアスター教のアフダ・マズダはバラモン教のアスラで、両者は神話や神々を共有しているのである。

東に向かったアーリア人は中央アジアあたりで遊牧民として移動生活をしていたが、やがて、その多くがヒンドゥークシュ山脈を越えてインダス川流域に侵入した。そして、彼らは体格や戦闘能力の劣るドラヴィダ人を征服し、高度な文化と軍事力を背景

インダス川とヒマラヤ山脈

に、インド全域に支配地域を拡大していったのである。

なお、インダス川上流域に侵入してきたアーリア人に続いて、早い時期からインダス川の西側にペルシャ人や北方系の民族がやって来て定住していた。彼らはインダス川の東側に住む人々のことをペルシャ語で「シンドゥ（sindhu）」と呼んだ。シンドゥとは「ペルシャ側から見てインダス川の対岸に住む人々」という意味である。

このシンドゥという語が西欧に伝わり、英語で「インディア（india）」といわれるようになり、明治以降、この名称が日本に伝えられて「インド」とカナ表記されるようになった。中国の『後漢書《ごかんじょ》』では「天竺《てんじく》」、『史記《しき》』では「身毒《しんどく》」などの訳語が与えられているが、七世紀にインドに行った玄奘三蔵《げんじょうさんぞう》が「印度《いんど》」と訳した。また、インディアは対外的な名称で、今も「バーラタ族の国」という認識を持っているインド人は少なくないようである。

アーリア人とドラヴィダ人

先に述べたように、インドとイランのアーリア人は同じ起源を持つ民族である。彼らは色が白くて目が青く長身でやせ型といった特徴を持つ。一方、インド原住のドラヴィダ人はアーリア人に比べてはるかに体格が小さく、いわゆる黒色低鼻といわれる有色人種である。

われわれ日本人が抱く典型的なインド人は鼻が高く目が大きく、淡い褐色の白っぽい肌で長身といったイメージである。このような特徴を持つインド人はアーリア系の征服民族である。一方、インドの下町や農村部などでは、色が黒く成人の男性でも身長一五〇センチに満たない小柄な人々を見かける。彼らが原住のドラヴィダ系の民族である。

アーリア人はインドに侵入した直後から交流を繰り返し、しだいに肌や目、髪の色が褐色のいわゆる「ブルーネット」に変容していった。そして、彼らはヴェーダ聖典に基づくバラモン教を信奉して、ドラヴィダ系の人々もこの宗教で統一しようとした。

しかしその一方で、ドラヴィダ系をはじめとする諸民族の文化や宗教も取り入れていったのである。

現在、インドにはヒンディー語や英語をはじめ二一の言語が公用語として定められている。しかし、これらの他にも多くの言語が存在し、世界に約八〇〇〇（諸説あり）あるとされている言語の半数近くがインドにあるといわれている。それらは、文法や文字も異なる異質の言語である。

民族とは共通の言語や文化を用いる集団のこととすれば、インドには言語の数だけ民族がいるということになる。その点、北から南まで言語と文化を共有する日本は多言語、多民族から構成されるヨーロッパやアジア、アフリカなどと比べて特異な位置にあるといえる。

また、かつてナチスはゲルマン民族こそ純正アーリア人であると主張し、ホロコーストなどの民族浄化運動の根拠となった。しかし、紀元二世紀に書かれたタキトゥスの『ゲルマーニア』にも明言されている通り、ゲルマン民族はもともとスカンジナビア半島南部を発祥地としてドイツを中心にヨーロッパ北部に広がった民族で、アーリア人とはルーツが異なる。

すべてを包括する「インド教」

現在、インド人の約八〇パーセントはヒンドゥー教を信奉しているという。そのほかにイスラム教やキリスト教、シク教、仏教、ジャイナ教などがあり、それにごく少数ではあるがゾロアスター教や独自の宗教を信仰している少数民族もいる。もともとインド土着の宗教は祖霊（祖先の霊）崇拝やアニミズム的な神を崇《あが》める素朴な信仰であり、世界各地の原始的な宗教に見られるいわゆる「宗教以前の信仰」だった。

このような土壌の中に、アーリア人たちはヴェーダ聖典を典拠としてヒンドゥー教の前身であるバラモン教を携えて侵入してきた。そして、彼らは自らのバラモン教を骨格として、先住民の宗教を順次取り入れて特異な宗教に発展させていった。このように、在地の宗教を取り込むことは、ある宗教が教線を拡大していくときの常套《じょうとう》手段である。妥協を許さない一神教のキリスト教でさえ、土地土地の素朴な民間信仰や習俗を取り入れている。しかし、アーリア人たちは在地の宗教を躊躇《ちゅうちょ》なく取り入れていったところに特徴があり、ここにヒンドゥー教が極めて複雑で多様な展開をした要因がある。日本に伝えられた仏教が日本古来の神々を容易に取り入れ、神仏習合という日本独自の宗教に発展したこととよく似ている。

このように、ヒンドゥー教はキリスト教やイスラム教のように一つの宗教の枠の中に収めることができず、バラモン教を基盤にして多様な宗教や民俗信仰、習俗との融合の上に成り立っているのである。このことから、近代のヨーロッパ人たちはインドの宗教を「インド教（インドロジー）」と名付けた。その意味で、日本の宗教も仏教や神道の枠にはとうてい収めることができないことから「日本教」と呼ばれることもある。

インド人だけの宗教

ヒンドゥー教の基底にはインド人の素朴な信仰や民間信仰、慣習などが深く根を下ろしている。

キリスト教やイスラム教は個人の意志で信者になることができ、他の宗教から改宗するものも少なくない。これに対して、ヒンドゥー教は生まれながらに教徒となるのであり、本人の意志でなるということは難しい。もちろん、ヒンドゥー教にも仏教の得度、受戒やキリスト教の洗礼のように教徒になるための儀礼はある。しかし、それを受けたからといって、根っからのヒンドゥー教徒になれるわけではない。

また、ヒンドゥー教は家族や親族など共同体を基盤にしたもので、その信仰は「食卓を囲む」間柄の中で深められるという。たんに個人の信仰に根ざすものではない。実際、葬儀などでは亡くなった人に対して「ピンダ」という米や大麦の粉で作った団子を供え、それを一族のものが食べる風習が太古の昔から続いている。おのずとピンダを分かち合う仲間は家族や親族など血縁のものということになる。

親族を代表してピンダを供えるものは一家の主《あるじ》、一族の長《おさ》としての重責を担う。また、ピンダを供え、儀式を共有するものは「サピンダ」と呼ばれ近親者、いわゆる血族である。そして血縁のものは当然、その土地で生まれたものである。必然的にインドで生まれたものでなければヒンドゥー教徒にはなれない、ということになる。

葬儀や盂蘭盆会《うらぼんえ》、彼岸に団子を上げる風習は今も日本で行われており、民間信仰として定着している。安易に異文化を結びつけることは早計ではあるが、そのような風習は、あるいは仏教を通じて、インドから日本へ伝わってきたのかもしれない。また、「食卓を囲む」というのは「一つ釜《かま》の飯を食う」という風習にも通ずる。共同体で亡くなった人は神になる。神と食卓を囲んで同じものを食べるということは、日本で古くから行われている「直会《なおらい》」の習俗とも似通っている。

また、ヒンドゥー教には最高神のシヴァ神やヴィシュヌ神をはじめとして、ほとんど無数と言ってもよいほど多くの神々がいる。しかし、その基本となる原初的な神はいわゆる「村の神」と呼ばれるものである。村の神は同じ共同体（ムラ）の中で亡くなった人の先祖の霊と、外界の樹木や岩などに宿る精霊が融合したものと考えられている。

この村の神は、日本でいえば各地の村々の社に祀《まつ》られている「氏神」に相当するだろう。日本の共同体は氏神を中心に同族意識を高め結束を強めてきた。インドでも同じことが行われてきたのではないだろうか。そして、ヴェーダ聖典を典拠として強固な宗教的基盤を持つアーリア人たちは、ムラ単位の信仰をまとめ上げることによってヒンドゥー教（インド教）という普遍的な宗教を醸成したと考えられるのである。

これも大化《たいか》の改新以降、日本の為政者がムラ単位の神社信仰を束ねて中央集権国家を形成したこと、さらには、明治になって維新政府が同じ手法を用いて国家の統制を強化したことと類似している。

ヒンドゥー教はインドネシアやマレーシアといった東南アジアでも信奉されている。つまり、インド以外の国々にもヒンドゥー教が普及しているのである。これら東南アジア諸国のヒンドゥー教徒は、彼らの祖先の代にインドから移住してきた人々である。その意味で、彼らは国は変わっても生まれながらのヒンドゥー教徒といえる。

バラモン教からヒンドゥー教へ

紀元前一五〇〇年ごろ、アーリア人たちはヴェーダを携えてインドの西北部に侵入してきた。ヴェーダは紀元前一六世紀から紀元前五世紀ごろに及ぶ約一〇〇〇年間にわたって作り続けられた神聖な書で、その中にはアーリア人の神話や神々への讃歌《さんか》、神々を祀る祭式の意義や方法などが記されている。

初期のアーリア人たちは、このヴェーダを典拠として自らの宗教の教義を確立した。このようなヴェーダを典拠とした宗教は「ヴェーダ教」と呼ばれ、今もヒンドゥー教の原初的な形態である。重んじられるのは神々を祀る祭式であり、ヒンドゥー教徒は多種多様な祭式の実行に余念がない。これらの祭式は極めて複雑で難解な内容を持っていたため、素人がそれを実行することは困難になった。そこで祭式に精通した専門家が現れ、彼らが「バラモン」▼注1と呼ばれるようになる。

バラモンは祭式を巧みに執り行って神々の意向を自在に聞き出し、その結果として祈願者の願いを自在に叶《かな》えるさまざまな事象を創造すると考えられた。このことから、世界創造神のブラフマン▼注2になぞらえてバラモンと呼ばれるようになる。このように神に匹敵する力を持つと考えられたバラモンは、支配的な地位を確立してカーストの最上位に君臨することになったのである。

ブラフマンと同等の力を持つとされた彼らは、複雑多岐にわたる祭式を実践することで他のカーストを圧倒した。バラモンが主導する宗教を「バラモン教」と呼ぶ。しかし、紀元前五世紀ごろになると経済が発展し、クシャトリヤ（王族階級）たちヴァイシュヤ（農民・商工業者階級）が力をつけてきた。

とりわけ、都市部ではヴェーダの権威にとらわれない自由な思想がとなえられるようになり、多種多様な思想や宗教が起こった。釈迦が提唱した仏教もこの時期に登場したものである。このような状況の中で、バラモンの支配に忸怩《じくじ》たる思いをしていたクシャトリヤを中心に新たな宗教に転向するものも増えてきた。

仏典の中には、釈迦に帰依した複数の王や富裕な商工業者が仏教教団のために土地や建物を寄進した話などが語られている。バラモン教も布教の過程でさまざまな民間信仰や民族宗教を取り込んでいく中、民衆の間で盛んな信仰を得ていたシヴァ神やヴィシュヌ神を取り込まざるを得なくなった。ここに抽象的な世界創造神としてのブラフマンの地位は失墜し、それに伴ってブラフマンと同等の地位にあったバラモンの権威も低下し、紀元一世紀ごろにはバラモン教も勢力を失うことになる。

注1　バラモン　バラモンという言葉は正規のサンスクリット語ではない。ブラフマンが「婆羅門《バラモン》」と音写（サンスクリット語の発音を漢字の音で写すこと）され、その日本語的な発音をカタカナで表記したものである。

注2　ブラフマン　漢訳して梵天《ぼんてん》といわれ、世界を創造したとされる神で古くは最高神として崇拝された。世界創造という抽象的な原理を神格化したこの神は、しだいに民衆の支持を得られなくなり、より人格的な性格を備えたシヴァ神やヴィシュヌ神に最高神の地位を譲ることになった。

第二章　ヒンドゥー教の思想

インド最古の聖典ヴェーダ

ヒンドゥー教はキリスト教の聖書やイスラム教のコーラン、仏教の仏典のように統一の教典を持たず、紀元前一五〇〇年ごろにインドに侵入してきたアーリア人が信奉していた宗教に、もともとインドに住んでいたドラヴィダ系の人々の民間信仰や習俗を取り入れて融合した宗教である。その意味で宗教という定義に収まらない広範なインド文化そのもので、近代の西欧の学者が用いた「インド教（インドロジー）」という言葉がより正鵠《せいこく》を得ているということができるだろう。

ヒンドゥー教は実にさまざまな教典や文学などをその教義の拠《よ》り所としている。その中でもまず第一に挙げなければならないインド最古の聖典がヴェーダだ。ヴェーダとは「知識」の意味で、紀元前一〇〇〇年ごろから紀元前五〇〇年ごろにかけて作られたと考えられている。

インドの聖典は「シュルティ」と「スムリティ」に分類されるが、前者は神によって告げられた天啓聖典とされている。しかし、シュルティにはキリストやムハンマドのような神の言葉を聞いた預言者は存在せず、神の言葉は自然に天から降って来たとされており、ヴェーダはシュルティである。一方、スムリティは「リシ」と呼ばれる聖仙によって語られたもので、聖典としての価値はシュルティの方が高いと考えられている。

第一章で述べた通り、もともとヨーロッパから南下してイランに定住したアーリア人の一部が、インドに侵入して原住のドラヴィダ系の民族を支配した。同じインド・ヨーロッパ語族の言語を話す民族で、イラン・アーリアンとインド・アーリアンに分かれる。

アーリア人はゾロアスター教の聖典であるアヴェスターを共有していたが、インド・アーリアンがこれを改変したものがヴェーダである。従ってヴェーダとアヴェスターの間には多くの共通点が見られ、たとえばゾロアスター教の最高神「アフダ・マズダ」はヴェーダでは「アスラ」と呼ばれるようになった。

〈ヴェーダの構成〉

『リグ・ヴェーダ』『サーマ・ヴェーダ』『ヤジュル・ヴェーダ』『アタルヴァ・ヴェーダ』の四つの部分からなり、それぞれ「サンヒター（本集）」と呼ばれる本体に「ブラーフマナ」「アーラニヤカ」「ウパニシャッド」という付属の文献が作られた。狭義には「サンヒター」のみをヴェーダというが、広義には付属の文献を含める。

『リグ・ヴェーダ』は最も早く成立したもので、宇宙創造の神話や神々の来歴、神々に対する讃歌《さんか》などが収められている。宇宙の創造や人間の起源といった哲学的な問題に関しては、先《ま》ず感性の鋭い詩人が疑問を持って神々に問いかける。古代ギリシャにおいてホメロスも『イリアス』『オデュッセイア』の中で同様の問いかけをしており、詩人が哲学的思考の先駆者となった。ホメロスは紀元前八世紀ごろに活躍した人で、『リグ・ヴェーダ』が作られた時代と重なる。インドとギリシャという数千キロを隔てた地域でほぼ同時に哲学の萌芽《ほうが》が見られたのである。

『サーマ・ヴェーダ』は神々などへの讃歌を収録したもので、その多くは『リグ・ヴェーダ』から取ったものである。これらの讃歌は祭式のときに一定の旋律に合わせて朗詠され、讃歌の朗詠を専門とするウドガートリ祭官が代々伝承してきた。

『ヤジュル・ヴェーダ』は祭式で上奏される「ヤジュス（祭詞）」という、日本でいえば祝詞《のりと》のようなものを収録している。祭式のときに神前に配置される祭具や供物の供え方が細かく規定されており、これら祭式の実践に精通したアドヴァリュー祭官によって伝持されてきた。祭式の正確な執行によって神に願いが通じると考えられ、ヴェーダ時代には祭式万能主義になり、祭式を司《つかさど》るバラモンが絶大な権威を持つようになる。

『アタルヴァ・ヴェーダ』は古くはヴェーダとして認められていなかったが、紀元前五〇〇年ごろから徐々にその存在が認められるようになり、四ヴェーダの一つに数え

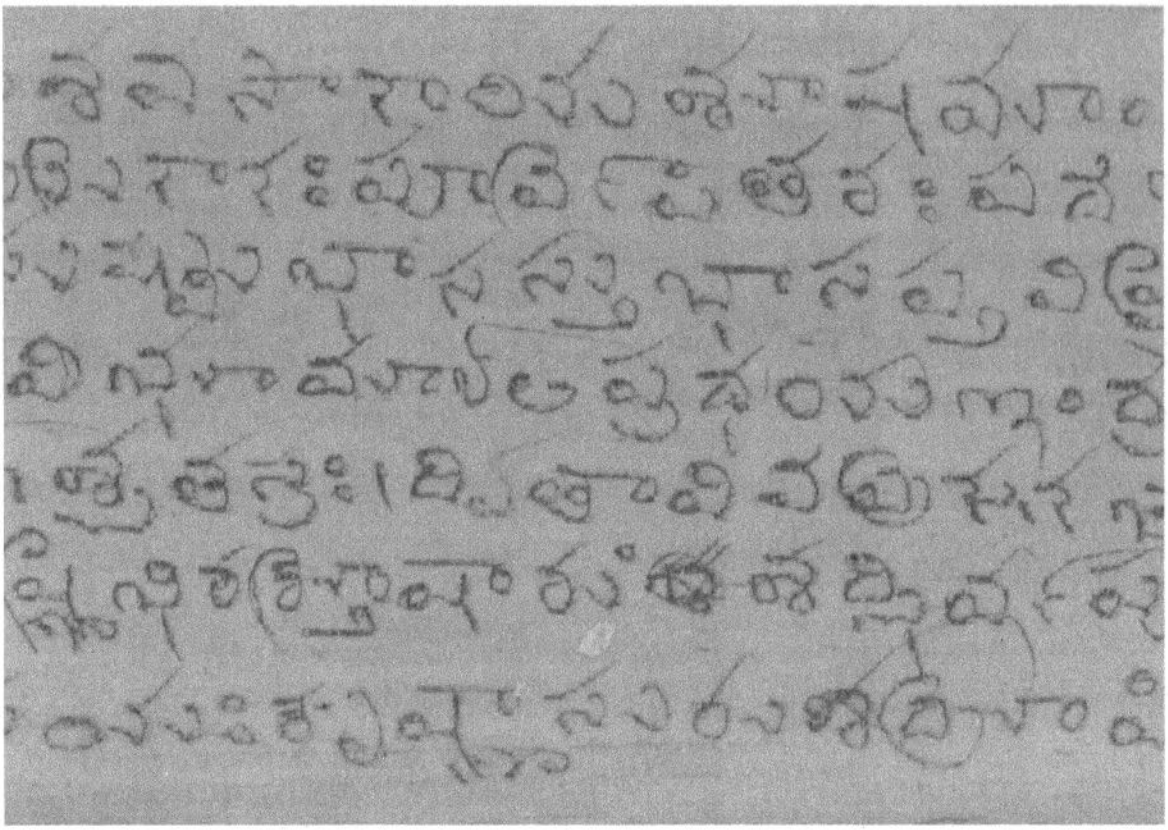

『リグ・ヴェーダ』聖典の写本

られている。「アタルヴァ」の名称は「アタルヴァン」という非アーリア系の種族名に由来し、このアタルヴァン族が伝持していた聖典と考えられている。吉祥や増益を願う呪文《じゅもん》や調伏を祈願する呪《じゅ》詛《そ》を中心としており、他の三ヴェーダとは明らかに性質を異にしている。

　古代には病気は悪霊の仕業であると考えられ、病気平癒には悪霊退散の呪文がとなえられた。『アタルヴァ・ヴェーダ』には単に悪霊退散の呪文だけでなく、病気の種類や治癒方法などかなり科学的な知識も掲載されている。その内容は古代インドの医学書、健康書である『アーユル・ヴェーダ』に採用され、古代ギリシャや中国の医学にも影響を与えたとされている。

〈ブラーフマナ〉

四ヴェーダのサンヒターの注釈書が『ブラーフマナ』で、紀元前九〇〇年から紀元前五〇〇年の間に作られたと考えられている。サンヒターに説かれた祭祀《さいし》を事細かに解説していることから「祭儀書」とも訳される。「アルタバーダ（釈義）」と「ビディ（儀軌）」の二つの部分から構成され、アルタバーダでは祭祀のときにとなえられる讃歌や祭詞、呪句《じゅく》（呪文）などについて詳細な解説が為《な》されており、ビディは祭主や祭官が執行する祭祀の実践方法について説明している。

ブラーフマナとは「ブラフマンに属するもの」という意味で、この中で宇宙創造の最高原理としてのブラフマンが神格化されて最高神としての地位を確立した。もともとヴェーダの宗教はキリスト教やイスラム教、仏教[注1]などの他の宗教と比べて祭祀が殊更に重んじられていたが、ブラーフマナ時代に至って祭祀の意味や執行方法が喧《やかま》しく規定されて、まさに祭祀至上主義の様相を呈するようになった。そして、祭祀のエキスパートである祭官にブラフマンと同等の地位が与えられて多大な影響を及ぼしたのである。

ブラーフマナ文献によって、ブラフマンは宇宙の根元でありすべてのものはブラフマンから生まれてブラフマンに還《かえ》ると説かれた。ブラフマンは世界創造神の地位を与えられ、世界の根元である水の中にヒラニヤガルバという黄金の卵が浮かんでおり、その卵が苦行を実践したことによって熱を発し、そこから森羅万象が生々流転したとされた。

ここにはすべてのものはブラフマンに帰一するという一元論が説かれ、それが次に述べるアーラニヤカを経てウパニシャッドに至った。個人的原理と宇宙的原理は同一であり、それらが合体することによって解脱《げだつ》が得られるという「不二一元論」に発展したのである。

〈アーラニヤカ〉

「森林書」とも訳されるアーラニヤカには、師が森の奥深くで弟子に伝授する秘法が述べられている。ブラーフマナとウパニシャッドの中間的な聖典で呪術《じゅじゅつ》的な性格は強いが、より哲学的な考察が含まれている。一人の師が一人の弟子に奥義を伝える、いわゆる「一子相伝」という伝達方法は世界中の広い地域でさまざまな分野に見られる傾向である。ただし、インドの場合はその傾向が殊更に強く、後に禅《ぜん》宗などでは一子相伝がスタンダードとなった。

また、日本の仏教各宗派でも特定の弟子にしか閲覧が許されない禁断の書というものがある。たとえば、浄土宗《じょうどしゅう》の開祖・法然《ほうねん》の『選択本願念仏集《せんちゃくほんがんねんぶつしゅう》』はごく限られた弟子にしか閲覧が許されていなかった。

ウパニシャッドとは「近くに坐《すわ》る」という意味と一般には解されている。坐る場所はやはり森の奥深くなど人が容易に近づくことのできないところと考えられ、一子相伝に関わる子弟間の距離はより狭められ、奥義の秘密性がより高まったことを窺《うかが》わせる。

〈ウパニシャッド〉

紀元前五〇〇年ごろに古層の「古ウパニシャッド」が作られたと見られ、その後、一六世紀に至るまで二〇〇以上のウパニシャッドが作成され、その総称をウパニシャッドと呼んでいる。また、広義のヴェーダ文献の最後に作られたことから「ヴェーダンタ」と呼ばれる。ヴェーダンタとは「ヴェーダのアンタ（最後の部分）」という意味である。

成立年代により、紀元前八〇〇年ごろから紀元前五〇〇年ごろまでに作られた「初期（古）ウパニシャッド」、紀元前五〇〇年ごろから紀元前二〇〇年ごろにかけて作られた「中期ウパニシャッド」、そして、紀元前二〇〇年以降に作られた「後期ウパニシャッド」に分類される。

このうち、重要なのは古ウパニシャッドで『ブリハッド・アーラニヤカ・ウパニシャッド』『チャーンドーギヤ・ウパニシャッド』『タイティリーヤ・ウパニシャッド』などがあり、歴代のウパニシャッドの哲学者が注釈を施しており、膨大な数にのぼる。

すでに、サンヒターの神話などの中に若干の哲学的問題が扱われていたが、それがブラーフマナやアーラニヤカにおいて徐々に深められ、ウパニシャッドにおいて本格的な哲学、つまり、真理の探究が行われるようになったのである。

〈ウパニシャッドの哲学〉

もともと、ヴェーダの讃歌は神々に天地創造や宇宙の根元について問いかけることからはじまったが、神々に問いかけ、近づいて有効な答えを得るためには作法、祭式が重要視されるようになった。そして、ブラーフマナやアーラヌヤカにおいて、祭式の意義や作法が事細かに解説されるとともに、祭式を執行する祭官（バラモン）の地位が高まった。その結果、バラモンを中心とするカースト制度が形成されたのである。

このようないわば祭式偏重、バラモン偏重の時代のヴェーダに基づく宗教を「バラモン教」と呼ぶ。その後、アーリア人たちが勢力を広げていく過程で、各地の非アーリア系の民間信仰や習俗などを取り込んでいき、紀元前三世紀ごろまでにはいわゆる「ヒンドゥー教」という宗教に発展する。バラモン教の呼称は近代のヨーロッパの学者が民族信仰のヒンドゥー教と区別するために用いたものである。

バラモンたちは祭式の執行に関する作法の遵守のみに血道を上げ、おそらくヴェーダ本来の課題だった天地創造や宇宙の根元の問題は等閑に付してしまった。このことに疑問を持った一部のバラモンたちが本来の課題に立ち返ってその探求を始め、そこにウパニシャッドの哲学が形成されたのである。

とくに探求されたのが、宇宙の根元としてのブラフマン（梵《ぼん》）と人間の本質としてのアートマン（我《が》）の問題である。彼らはブラフマンから人間を含めたすべての存在が生み出され、再びブラフマンに還ると考えた。そして、個人の本質としてのアートマンは、もともとブラフマンから生成したものであるから、両者は同質であると考えた。ここにウパニシャッド哲学の「梵我《ぼんが》一如《いちによ》」の思想が生まれ、七世紀ごろにはウパニシャッド哲学のいわば本丸である「不二《ふに》一元論《いちげんろん》」の基が形成されることになる。

また、後に仏教でさまざまな考察が加えられる「輪廻《りんね》」や「業」についての探求もウパニシャッドで行われた。「輪廻」とは人が死んでも生まれ変わるというもので、生まれ変わりの原因になるのが「業」、すなわち人間のさまざまな行いであると考えられた。人間は必ずしも幸せな身の上に生まれ変わるとは限らない。そう考えたとき輪廻は人間の苦しみの原因になり、そこから逃れることが求められる。そこに「解脱」、つまり輪廻の連鎖から解き放たれることが人生の最大の課題となるのである。

この「輪廻」と「解脱《げだつ》」▼注2の思想は、紀元前五世紀ごろに興起した仏教やジャイナ教でも中心的な課題となり、とりわけ、仏教では詳細な研究が行われるようになった。

注1　仏教　現在の日本の仏教を見ても分かる通り、仏教では祭祀や儀礼が重んじられる。本来、釈迦《しゃか》を始原とする仏教は祭祀や儀礼についてほとんど言及しなかったが、ヒンドゥー教の影響を受けて複雑な祭祀や儀礼が説かれ、実行されるようになったと考えられている。とくに、密教はヒンドゥー教そのものと考えられ、より複雑な体系を生み出した。

注2　「輪廻」と「解脱」　輪廻はサンスクリット語で「サンサーラ」といい、生と死を繰り返すことである。時代が下って仏教では「六道輪廻《ろくどう》」といわれ、地獄・餓鬼・畜生・修羅・人間・天の六つの世界への生まれ変わりを繰り返すとされるようになった。つまり、人間に生まれて幸せな生涯を終えても、次に地獄に生まれて苦しみに喘《あえ》ぐということを繰り返す。だから、輪廻の連鎖から解放されることが究極の目的とされたのである。この解放されることを「解脱」といい、すなわち「悟りの境地」である。

六派哲学

インドではヴェーダ聖典の権威を認め、哲学的研究が早くから行われていた。そのような研究は、いわゆる「正統バラモン」といわれる学者たちが行ったが、彼らはその思想的傾向によって、いくつかの流派に分かれるようになる。おそらくクシャーナ朝（紀元一世紀～五世紀）からグプタ朝（紀元四世紀～六世紀）の間には「六派《ろっぱ》哲学」と呼ばれる六つの学派が形成された。

1 サーンキヤ学派、2 ヨーガ学派、3 ニヤーヤ学派、4 ヴァイシェーシカ学派、5 ミーマンサー学派、6 ヴェーダーンタ学派の六つの学派であり、それぞれ独自の哲学を展開した。このうち、1と2、3と4、5と6は密接な関係があり、姉妹学派ということができる。これらの学派はインドの他の哲学や宗教と同様、輪廻からの解脱を最終目標とするが、解脱に到達するまでの方法論の違いによって、多様な説を展開する。

また各派は、ヴェーダの権威を認めない非正統派の仏教やジャイナ教と交流して論争を展開した。とりわけ仏教とは激しい論争を繰り返し、アビダルマ仏教、いわゆる「仏教哲学」の形成に大きな影響を与えている。

〈サーンキヤ学派〉

学祖はカピラと伝えられ、彼がアースリに自説を伝え、アースリから奥義を伝えられたパンチャシカによって広められたといわれている。この学派は中世インドで最も力があり、他の哲学や宗教、文学、法典などに影響を与えた。とりわけ、仏教とは早くからライバル関係にあって論争を展開し、アビダルマ仏教（仏教哲学）の形成に多大な影響を与えた。

サーンキヤ学派は人生を「苦」とみなし、苦の原因を追究してそれを取り除き、解脱の達成を目指す。精神原理である「プルシャ」と物質原理である「プラクリティ」という二つの原理を立て、プルシャは不生不滅で何ものにも侵されることのない純粋精神、プラクリティは人間の肉体も含めたすべての事象、森羅万象である。

プラクリティから統覚（根本的な知覚）が生じ、それによって「わたしは存在する」とか「これはわたしのものである」といった、ものに執着する意識、自我意識が生まれる。それが輪廻の原因であり、輪廻転生することによって苦しむのである。しかし、プラクリティが現出するものは水面や鏡に映った映像と同じく実在するものではない。つまり、幻影である。

この幻影を取り払うためには、ヴェーダの学習とともにヨーガを実践することによってプルシャ（純粋精神）に帰入するしかない。そのことによって輪廻からの解脱、つまり、悟りの境地に至ることができるというのである。

サーンキヤ学派はヨーガ学派と姉妹関係にあり、ヨーガの理論的な基礎付けをしている。仏教も含めてインドの宗教、哲学は多かれ少なかれ実践としてヨーガを採用しており、その意味でサーンキヤ学派のヨーガ理論はインド思想全般、とくにヒンドゥー教には多大な影響を与えた。

〈ヨーガ学派〉

ヨーガとは常に揺れ動いている心を統一することで、すでに紀元前二五〇〇年から同一七〇〇年ごろに栄えたインダス文明に起源があると考えられている。

学祖はパタンジャリとされ、彼が書いたとされる『ヨーガ・スートラ』(五世紀半ば~六世紀半ば)を根本聖典とする。思想的にはサーンキヤ学派と類似しているが、サーンキヤ学派が絶対神の存在を認めないのに対して、ヨーガ学派はイーシュヴァラという至高の神の存在を認めるなどの相違点がある。また、その形而上学《けいじじょうがく》的側面では仏教哲学の影響も認められる。

『ヨーガ・スートラ』は先ず心について言及し、精神を一点に集中して心の働きを停止することにより、外界の対象に囚《とら》われることのない心の本性(純粋精神)に立ち返ることができる、つまり、輪廻から解脱して永遠の涅槃《ねはん》(悟りの境地)に達することができると説く。そして解脱に至る修行方法として、不殺生などの戒律を守り、ヴェーダ聖典などの勉学に励み、正しい坐法《ざほう》で常に心を一所に結び付けることなどが説かれている。

『ヨーガ・スートラ』に説かれるこのような実践方法は、仏教をはじめとするインドの宗教各派が採用しており、今もヒンドゥーのヨーガ実践の手本となっている。とりわけ日本では、「ヨガの行者」というとアクロバティックな姿勢を長時間保つなどのイメージが強い。

昨今、流行《はや》りの「ホット・ヨガ」と称するものも天井から下った帯紐《おびひも》に逆さに吊《つ》り下がったり、首や身体を無理に捻《ひね》ったりするポーズを売り物にしているようである。このような「ヨーガ」は後世、主に神通力（超能力）の獲得を目的とした「ハタ・ヨーガ」の流れを汲《く》むもので、正規のヨーガとは異なるものである。

〈ニヤーヤ学派〉

ニヤーヤとはサンスクリット語で「論理、論証」を意味し、ニヤーヤ学派は論理学を専門とする。インドで論理の探求は紀元前から行われていたが、それを体系的な学問としたのがニヤーヤ学派である。開祖は一世紀に活躍したとされるガウタマで、彼が書いたという『ニヤーヤ・スートラ』を根本聖典としている。

ニヤーヤ学派は研究の対象を「知識手段、知識の対象、疑惑、動機、喩例《ゆれい》、定説、論証肢、仮定にもとづく吟味、決定、論議、論争、論詰、誤った理由、詭弁《きべん》、誤った非難、論破」の一六項目に分類し、それぞれの項目について帰納法的に真理を導き出していく。

つまり、一般的事象を検討、吟味し、その背後にある真理、ギリシャ哲学でいうロゴスを探求していくのである。現代の科学でいえば、データから論理的に真実を導き出していくのと同じだ。

真理に至る過程で根拠となるのは、直接知（経験知）とヴェーダ聖典の記述（記述知）で、他のインドの哲学と同様、とりわけヴェーダ聖典の権威は絶対的である。その意味で、ニヤーヤ学派を含めてインドの哲学は西洋哲学のように純粋な形而上学とは言えず、神学的な性格が強い。その中で仏教哲学だけは六派哲学との盛んな論争を通じて、ある意味で純粋な哲学を構築した。

ニヤーヤ学派と次のヴァイシェーシカ学派は姉妹関係にある。これは早くからニヤーヤ学派がヴァイシェーシカ学派の学説を援用してきたことによる。ニヤーヤ学派は『ニヤーヤ・スートラ』に基づいて自説を展開するとともに、ヴァイシェーシカ学派の説を援用して理論武装していき、一二、三世紀以降になると『ニヤーヤ・スートラ』の権威はすっかり衰え、このころガンゲーシャが著わした『タットヴァ・チンターマニ』に基づく新説が主流を占めるようになる。このような新説をとなえる学匠たちは、自らを「ナヴィヤ・ニヤーヤ」と呼び、ガンゲーシャの弟子筋を中心に数々の学匠が輩出して、多様な説を展開するようになった。

〈ヴァイシェーシカ学派〉

学祖はカーナダ（紀元前後？）とされ、彼がこの学派の根本聖典である『ヴァイシェーシカ・スートラ』を書いたといわれる。しかし、カーナダは伝説的な人物で、実際には紀元二、三世紀ごろにこのスートラが整備され、四、五世紀ごろに現れた学匠プラシャスタパーダによって、当学派の学説が一応の完成を見たと考えられている。

この学派は言葉（語）の意味を探求し、自説を展開している。宇宙（世の中）の事象を地・水・火・風・空などの九種の「実体」、色・味・苦・楽・流動性・粘着性などの二四種の「性質」、上昇・下降・屈・伸・進行などの五種の「運動」に分類し、それぞれの関わりの中で世の中が形成される過程を考究する。言語に対応させれば「実体」は名詞に、「性質」は形容詞に、「運動」は動詞ということになる。

また、インド哲学では宇宙的な原理であるブラフマン（梵）と個人的な原理であるアートマン（我）が同質のものであり、それらが一体となったときに解脱が達成されると考える。これが「梵我一如」と呼ばれ、ヴェーダーンタ学派で説く「不二一元論」である（四八ページを参照）。

ヴァイシェーシカ学派ではブラフマンに相当する最高主宰神はシヴァ神であるが、シヴァ神とわれわれ個々のアートマンが一体となる（合一する）わけではない。つまり、個々のアートマンはシヴァ神と同質のものではなく、別の何ものかになるという。これを「新造説」と呼び、「多元論」的な理論を展開している。

また、仏教などでは実在するのは仏の真理の世界（聖の世界）だけで、われわれ凡夫（凡人）が日常的に体験している世俗の世界は虚妄（幻影）と考えられている。しかし、ヴァイシェーシカ学派では聖俗の区別はなく、すべてが実在と考えるのである。

〈ミーマンサー学派〉

サンスクリット語でミーマンサーとは「思う」「考える」という意味で、ヴェーダ聖典に説かれるさまざまな課題を探求、考察することである。この派はヴェーダーンタ学派と姉妹関係にあるが、ミーマンサー学派が祭式に関する考察、研究を行うのに対して、ヴェーダーンタ学派はアートマン、ブラフマンなどの知識を探求する。その意味で、前者は「祭事ミーマンサー」、後者は「ブラフマ・ミーマンサー」などと呼ばれる。

今もヒンドゥー教では祭祀の実践が重要な位置を占めているが、古くからヴェーダで説かれている祭祀の意義や実践方法、疑問点などについての考究、議論が行われてきた。それらの諸学者の考究や議論を集約する形で紀元一世紀ごろに書かれたのが、この派の根本聖典とされる『ミーマンサー・スートラ』で、ミーマンサー学派の開祖とされるジャイミニの作といわれる。

ヴェーダ聖典に説かれる祭式の実践はヒンドゥーにとってダルマ（宗教的義務）で

あり、ヴェーダ聖典に則《のっと》って祭式を実践することによって、人生の最終目標である解脱を達成することができると考えられている。祭式の注釈書である『ミーマンサー・スートラ』は、バラモンにとって祭式を実践するときの手引書であり、現代に至るまで多くのヒンドゥーはバラモンの指導の下にダルマを遂行することができるのである。

後に六派哲学の中にも祭式よりも知識を重んじ、祭式を行わなくても知識のみで解脱を達成することができるという主張も現れるようになった。とはいっても、祭式の実践はヒンドゥー教の古層であるバラモン教以来、最も重要視されているものであり、詳細な分析を行って祭式の意義や実践方法を説くミーマンサー学派は、六派哲学の中で最も正統的な学派として重きを置かれている。

また、ミーマンサー学派は「ことば」に永遠の価値を認め、永遠の言葉から成るヴェーダ聖典も永遠の存在であると主張する。しかも、ヴェーダ聖典は聖仙や詩人が書いたり語ったスムリティではなく、天から授かったシュルティ（天啓聖典）であることを強調する。▼注1

このように、ヴェーダ聖典に絶対的な権威を認める一方で神の存在は希薄になり、神は祭式を完璧《かんぺき》に実践するためのツールの一つに過ぎないと考えられるようになった。また、ヴェーダ聖典に則った完璧な祭祀の実践は将来的に必ず祭主に果報をもたらすとされ、その果報を受け取るのはアートマン（個我）であると考えて、アートマン論を展開した。その意味で、解脱のために実践（祭式）とアートマンに対する知識を重視する知行一致の立場を取る。

六世紀から七世紀に『ミーマンサー・スートラ』に対する注釈が著わされるようになり、六世紀の中ごろにはシャバラスバーミンが『ミーマンサー・スートラ注解』を著わしたのに続いて、クマーリラ（六五〇年〜七〇〇年ごろ）が『シュローカ・ヴァールッティカ』を、プラバーカラ（七〇〇年ごろ）が『ブリハティー』という復中注をそれぞれ著わし、前者はバーッタ派の、後者はグル派の祖となり、その後も多くの碩《せき》学《がく》が輩出して学説を発展させた。

〈ヴェーダーンタ学派〉

「ヴェーダ」と「アンタ」から成る合成語で、ヴェーダは「ヴェーダ聖典」、アンタは「終わり」あるいは「究極の趣旨」という意味である。ヴェーダーンタとは、具体的にはヴェーダ聖典本体（サンヒター）に哲学的解釈を加えた「ウパニシャッド」を意味する。

ミーマンサー学派がヴェーダの祭事に関する注釈書『ブラーフマナ』を考究するのに対して、ヴェーダーンタ学派は『ウパニシャッド』を研究の対象とする。紀元前三世紀ごろには古ウパニシャッド（古層のウパニシャッド）のかなりの部分が成立していたと考えられ、祭事に関するブラーフマナ文献はそれよりも前に成立していた。だから、はじめにブラーフマナ文献の研究をしていたバラモンたちが、後にはウパニシャッドの研究も併せて行うようになり、時代が下るとそれぞれ専門化してミーマンサー学派とヴェーダーンタ学派とに分かれたと考えられる。

このような経緯から、ミーマンサー学派は「プールヴァ・ミーマンサー（前ミーマンサー）」、ヴェーダーンタ学派は「ウッタラ・ミーマンサー（後ミーマンサー）」と呼ばれる。そして紀元五世紀には、この派の根本聖典である『ブラフマ・スートラ』が著わされ、著者とされるバーダラーヤナが開祖とされた。

『ブラフマ・スートラ』の主なテーマは、宇宙の唯一絶対のブラフマン（梵）の探求にあり、ブラフマンからわれわれ人間をはじめとするすべての事象（森羅万象）が生まれて来るのであり、展開したすべての事象は、時期が来ると再びブラフマンに還って完全な寂静の世界に抱かれ続けるという。そしてブラフマンが元来、休止状態にある森羅万象を生々流転させるのは、単なるブラフマンの遊戯、言うなれば気まぐれであると説く。

このようなブラフマンの観念は密教思想に影響を与え、宇宙の根本原理としての大日如来《だいにちにょらい》を生み出したと考えられている。密教でも大日如来は遊戯のために森羅万象を展開し、森羅万象は再び大日如来に帰入すると説く。

また、われわれの個我（アートマン）はブラフマン（梵）の部分であり、ブラフマンと異なるものではない。世俗の世界に生きるわれわれ人間は、ブラフマンとアートマンが異なるものではないということに気づかない。だから、個我（アートマン）こそが自らを成り立たせているものであると考え、それに執着して輪廻転生を繰り返すのである。

しかし、ヴェーダの知識を正しく習得し、ヨーガなどを実践することによって自らのアートマンがブラフマンと同一であることを覚《さと》るのである。このことによって個我への執着を離れ、輪廻の連鎖を断ち切って解脱を達成する。このようなブラフマン（梵）とアートマン（我）が同一であるという思想は「梵我一如」といわれ、ウパニシャッドにしばしば説かれ、正統派哲学の中心思想である。

とりわけヴェーダーンタ学派では、紀元五世紀ごろからこの問題の考究が盛んになり、多くの碩学が輩出してブラフマンとアートマンの関係が探求された。そして、八世紀の前半（七〇〇年～七五〇年ごろ）に活躍したシャンカラが、この思想を体系的にまとめ上げた。彼の説は「不二《ふに》一元論《いちげんろん》」と呼ばれ、その後のヴェーダーンタ学派の思想的潮流となる。

五世紀以降、シャンカラに至るまでの約三〇〇年間は、仏教哲学が高度な発展を遂げた時期でもあった。六派哲学をはじめとする哲学各派の所説は再三にわたって仏教哲学から論難され、それに応《こた》える形で自説を発展させていった。

前にも述べたように、六派哲学諸派はヴェーダ聖典を絶対的な権威とするために神学的、宗教的要素から脱却することができない。仏教哲学も当初は仏典の権威に依拠していたものの、次第にその権威を離れて純粋に形而上学的な考究に終始するようになった。だから、インド哲学諸派がヴェーダ聖典の権威を振りかざしても、仏教哲学側はいとも簡単に論破してしまう。そんな状況の中で、シャンカラは『ブラフマ・スートラ・バーシャ（ブラフマ・スートラ注解）』を著わし、宗教色をほぼ一掃して純粋な哲学理論を展開した。その意味でシャンカラは、まさにインド哲学の王道を築いたということができる。

しかしシャンカラ以降、ヴェーダーンタ学派の学匠たちの半数余りは、不二一元論の立場に立ったが、二元論や不一不異論（梵我は同じものでも異なるものでもないという論理）に立つものもあった。また、このような哲学的見地とともに、ヒンドゥー教の宗教的見地から『ブラフマ・スートラ』に注釈を加え、自説を展開する有力な学匠も現れた。その結果、ヴェーダーンタ学派はシャンカラを祖とする流派をはじめ、五つの有力な流派がそれぞれ自説を展開して今日に至っている。

ただ、彼らの主な相違点はブラフマンとアートマンの関係に関する哲学的解釈に根ざすものであり、いずれも「ブラフマ・ミーマンサー」としての面目を保っている。

その意味で、ヴェーダーンタ学派はヒンドゥー教における哲学的裏付けを成すものとして、今も正統派としての地位を確保している。

注1　シュルティであることを強調する　シュルティの権威は各学派が認めている。聖典の権威などのように事の真偽の判断材料となるものを「聖教量」と呼んでおり、六派哲学各派でも一様にヴェーダ聖典の記述を成否の判断基準としている。これはキリスト教が『聖書』の、イスラム教が『コーラン』の文言に正否の根拠を求めるのと同様で、仏教も仏典の権威を重視している。ただし、聖典を構成する「ことば」自体の永遠性を主張するところにミーマンサー学派の特徴がある。サンスクリット語で「ことば」に相当するシャブダという語は「声」とか「音」という意味であるが、ミーマンサー学派によればシャブダは単なる音声ではなく、音声を超越した不滅の存在で、われわれが発する「ことば」は音声と意味を媒介するものとして永遠に存在するという。このような論理を「語常住論」といい、仏典では「声常住論」、その論者は「声論者」などと呼ばれている。前述したように仏教でも仏典の権威は認めているが、四世紀ごろからいわゆる「仏教論理学」が盛んになると、真偽の判断は聖典の権威ではなく、論理的に証明すべきであると主張されるようになり、ミーマンサー学派の「声常住論」が批判の対象となった。

ブラフマンとアートマン

ヴェーダには「すべての神々はブラフマンから生まれた」と記されている。神々ばかりでなくわれわれの外界に存在するすべての存在、現象はブラフマンから生まれてブラフマンに還ると考えられている。すなわち、ブラフマンは宇宙の根元であり、ギリシャ哲学でいう「ロゴス」や老荘《ろうそう》思想の「道（タオ）」に近い概念である。

この抽象的な概念を神格化したものが世界創造神としての「ブラフマー」で、ヴィシュヌ、シヴァとともに「三神一体」とされ、ブラフマーが宇宙を創造し、ヴィシュヌがそれを維持し、シヴァが破壊すると考えられた。しかし時代が下ると、ヴィシュヌとシヴァは人格神的な性格が強まり、ヒンドゥーの間で盛んに信仰されるようになった。現在でもヒンドゥー教は大きくヴィシュヌ派とシヴァ派に分かれ、信仰を二分している。

一方、ブラフマーは抽象的な性格を根強く残し、具体性に欠けたことからヒンドゥーの支持を得られなかった。後に仏教に取り入れられたブラフマーは、仏や菩薩《ぼさつ》のガードマン役に甘んじることになった。今も日本の仏教寺院には梵天《ぼんてん》像が祀《まつ》られている。

ブラフマンが宇宙的原理であるのに対して、アートマンは個人的な原理である。サンスクリット語ではもともと「呼吸」という意味で、そこから「生命」「身体」「自我」などといった意味が派生し、哲学的考察を経て自我の拠り所となる「個人の本質」という意味になった。われわれの五感やそれを統括する心はアートマンによって統一されているのであり、肉体やそれに伴う感覚器官とは別に存在している。だから、肉体が滅びても（死んでも）アートマンは永遠に存在し続けると考えられた。

また、宇宙的原理であるブラフマンと個人的原理であるアートマンは全く同じもの、同一であると考えられるようになった。ここにウパニシャッドの中心思想である「梵我一如」がとなえられるようになったのである。そして、個人の内奥にあるアートマンと宇宙の根元であるブラフマンが同一であるということを覚ることによって、輪廻から解脱してブラフマンに抱かれ、永遠に平穏な世界に安住することができるというのである。

アートマン＝ブラフマンはいかなる属性もなく永遠不滅の存在で、両者の同一は言語で表すことはできない。だから、ウパニシャッドの哲学者は「汝《なんじ》はそれなり」という表現を用いる。つまり、アートマン（汝）はブラフマン（梵）であるということである。

また、ブラフマンは極大であり、アートマンは極小であるといわれる。しかし、いかなる属性ももたないアートマン＝ブラフマンには元来、大きさや形体といったものはない。だから、それを言葉で表現することもできないのだが、ケシの実よりも小さいものが心臓の内部に存在している。それが「汝のアートマン」であるという比喩《ひゆ》的な表現がなされている。

このようなアートマンは、人が死ぬと人の肉体を離れ、一定の経路を辿《たど》って次に生まれた誰かの身体の中に入り込むという。アートマンはこのような肉体から離脱して他の肉体に入り込むということを永遠に繰り返すのであり、それが輪廻転生（一一五ページを参照）の原因になっているという。

インドのすべての宗教や哲学は、輪廻転生の核となるアートマン（我）の存在を認め、輪廻からの解脱（脱却）を最終目標とした。仏教も輪廻からの解脱を最終目標に立てる。しかし、仏教の場合、我の存在を否定し「諸法無我《しょほうむが》」を説いた。諸法無我とは、あらゆる存在現象（諸法）には永遠に変わることのない固定的な実体がない（無我）という意味である。

そして、世の中のあらゆる事象は常に変化し続けていて、一瞬たりとも同じ状態に留《とど》まっていない。このことを「諸行無常《しょぎょうむじょう》」という。世の中が諸法無我であり、諸行無常であるという現実をありのままに捉《とら》えることによって、「涅槃寂静《ねはんじゃくじょう》」すなわち、輪廻からの解脱を果たして永遠に平穏な世界に安住することができる。

また、アートマンは精神的な存在と捉えられたことから、霊魂の一種と考えられた。特に大乗《だいじょう》仏教の時代になると、死者の身体から抜け出した霊魂を生きている者が見守り、懇ろに供養することによって死者の魂は救われる、仏教的にいえば成仏すると考えられた。そして、亡くなってから一定期間は霊魂が安定せず、この期間の霊魂を「中有《ちゅうう》」または「中陰《ちゅういん》」と呼んで、その間はとくに慎重に見守り、供養しなければならないとされるようになった。このことが今も日本で行われている四十九日の法要を導き出したのである。

「諸法無我」「諸行無常」「涅槃寂静」は「三法印《さんぽういん》」と呼ばれ、おそらく釈迦の時代に説かれた仏教の根幹を成す思想である。しかし、仏教が「我（アートマン）」を否定したことはインドでは異端中の異端と見なされた。また、我を否定してしまえば何が輪廻の主体になるかということが問題になり、そのことが後の仏教徒にとって厄介な宿題▼注1となったのである。

注1　厄介な宿題　釈迦が亡くなってから一〇〇年ほど後に、仏教教団は保守的な長老格を中心とする「上座部《じょうざぶ》」と若手の改革派を中心とする「大衆部《だいしゅぶ》」に分かれた。これを根本分裂というが、その後も分裂を繰り返して二〇の部派に分かれた。このような部派が並立した時代の仏教を「部派仏教」といい、互いに釈迦の教えを研究し、さまざまな教義を打ち立てた。その中で「無我」が最大の課題となり、何が輪廻の主体になるかということがさまざまに検討された。その結果、すべての存在現象は心が作り出したもので実在しないという「唯識《ゆいしき》思想」や、すべての事象は特定の性質を持たないという「空《くう》」の思想などがと

なえられ、それらの思想が大乗仏教の根幹を支えることになった。

叙事詩『マハーバーラタ』

『マハーバーラタ』は『ラーマーヤナ』とともに、インドの二大叙事詩として今もインド人の間で読み続けられている。インドの神話は一六音節、二行の韻文で記されるが、『マハーバーラタ』は一〇万詩節、二〇万行を超えるといわれ、『聖書』の四倍に相当する浩瀚《こうかん》の書である。日本の和歌に喩《たと》えれば、一〇万首の和歌から成り立っていることになる。ギリシャのホメロスの『イリアス』『オデュッセイア』とともに、世界の三大叙事詩に数えられている。

この長大な叙事詩の中には歴史、宗教、哲学、地理、祭祀や生活習慣などあらゆる事象が記されている。また、ヴェーダ聖典が聖仙の神秘体験によって感得された神の啓示として、シュルティ（天啓聖典）とされるのに対して、『マハーバーラタ』や『ラーマーヤナ』などの叙事詩は聖仙が語ったスムリティ（二八〜二九ページを参照）とされている。

『マハーバーラタ』を語ったのが偉大な聖仙ヴィヤーサとされているが、彼は伝説的な人物で伝統的に『マハーバーラタ』の著者とされているに過ぎない。『マハーバーラタ』の主題はインド民族のルーツとされるパーンドゥ族の五人の王子と、その縁戚《えんせき》関係にあるクル族の一〇〇人の王子との戦いである。パーンドゥ族とクル族は紀元前一五〇〇年ごろにインドに侵入したアーリヤ人の二大有力氏族で、はじめは共にインダス川上流のパンジャーブ地方に侵入した。

パーンドゥ族はパンジャーブ地方に留《とど》まって覇権を確立した。一方、クル族はパーンドゥ族と諸部族との交流の結果生まれた種族で、次第に勢力をつけてガンジス川流域を支配するようになった。彼らが支配した土地を「クルクシェートラ」といい（八三ページ注参照）、現在はインド共和国のハリヤーナ州の都市となっている。クルクシェートラはインド北部、パーンドゥ族が覇権を確立したパンジャーブ地方の東に位置している。パーンドゥ族とクル族はこのクルクシェートラを舞台として戦ったとされている。

もともとパーンドゥ族とクル族は同じ部族で、前者は本家、後者は分家といった位置づけになるかもしれない。そして、本家のパーンドゥ族はさらなる覇権の拡大を求めてガンジス川の流域にまで進出した。そこで、分家のクル族が立ち上がって大戦争になったという史実があったとも推定される。

しかし、『マハーバーラタ』の中で主題の戦争に関わる話は五分の一程度で、合間には膨大な数の神話や伝説、説話、宗教、哲学、生活文化、風俗、経済、社会などありとあらゆる話題が挿入されている。「ここにあるものは他にもある。しかし、ここにないものは他にはない」という『マハーバーラタ』の中の詩節がよくこの叙事詩の性格を表している。

この叙事詩を読んでいると、かつて仏伝文学にあった逸話が次から次へと出て来る。もっとも、仏伝文学の逸話と『マハーバーラタ』のそれのどちらが先にあったかは分からない。おそらく、ヒンドゥー教が仏教と交流する中でお互いに影響し合ったものと思われる。しかし、確かに「ここにあるものは他にもある」のである。

アーリヤ人たちはインド・イラン共同時代からの物語を携えてインドに侵入してきた。そして、その勢力範囲を広げていく過程でさまざまな非アーリア系の民族と接触し、彼らの間で語り継がれていた話を吸収していった。『マハーバーラタ』は紀元前四世紀ごろから紀元四世紀ごろまで約八〇〇年の長い時を費やして、現在の形に整備されたと考えられている。

その間にアーリア系と非アーリア系の物語はすっかり融合して、一大叙事詩が完成したと考えられる。そして『マハーバーラタ』編纂《へんさん》の歴史は、アーリヤ人たちの宗教を端緒とするバラモン教が非アーリア系の人々の民間信仰などを吸収してヒンドゥー教となるプロセスを示すものということができるだろう。

先にも述べたように『マハーバーラタ』の主題である大戦争の物語は全体の五分の一ほどである。もし主題だけで終わっていれば、人々の熱狂的な支持を受ける国民的な叙事詩にはならなかっただろう。主題もさることながら、それ以外の卑近な話題を含む説話などがあらゆる階層の人々の琴線に触れたのだろう。

『イリアス』『オデュッセイア』をはじめ、世界の叙事詩や文学の中で『マハーバーラタ』ほど多種多様な話題を含んでいる作品は他に見られない。その理由は、インド亜大陸の民族と言語、文化の多様性を反映していると考えられる。

地球上には五〇〇〇から八〇〇〇の言語があるといわれるが、その言語の数だけ民族もあるはずである。インドにはその半数以上の言語や民族が共存しているといわれており、その数だけ固有の生活習慣や慣習があり、さらには、各々《おのおの》の民族に伝えられた民話や昔話もある。それらのほとんどすべてを八〇〇年にも及ぶ製作期間のなかで吸収して出来上がったのが『マハーバーラタ』という遠大な作品なのである。

著者ヴィヤーサの伝説

『マハーバーラタ』の著者とされるヴィヤーサは伝説的な人物であり、作中人物でもある。『マハーバーラタ』にはヴィヤーサ誕生にまつわる次のような逸話が語られている。

むかし、ヴィヤーサの祖父でヴァスという王がいた。ヴァス王は古代インドの大氏族であるパウラヴァ一族の後裔《こうえい》で、ダルマを守り聖仙のような生活をしていた。王にはギリカーというラクシュミー（吉祥天《きちじょうてん》）のように美しい妻がおり、王はその妻と片時も離れたくなかった。このころ、妻のギリカーは受胎に適した時期に入ったことをヴァス王に告げ、王も妻との夫婦の交わりを楽しみにしていた。

しかし、祖霊祭の供物に鹿を捧《ささ》げなければならないことになり、王は仕方なしに妻を宮殿に残して森に鹿を狩りに出かけて行った。森に入ったヴァス王の頭の中はギリカーのことで一杯だった。そして、愛欲を募らせた王は遂に射精してしまった。しかし、放出した精液を無駄にしたくないと考えた王は、それを何とか受胎期を迎えている妻の元に届けたいと考えた。そのとき、近くを鷹が高速で飛んでいるのを見て、その鷹を呼び止めて精液を託すことにした。

承諾した鷹は王の精液をもって王宮に向かったが、途中でそれを見たもう一羽の鷹が肉（エサ）を持っていると勘違いして襲ってきた。二羽がもつれ合って戦っているうちに、精液は下を流れるヤムナー川に落ちてしまった。すると、今度はヤムナー川に住む大魚がその精子を飲んでしまった。その大魚が一〇ヵ月後に漁師たちに捕らえられ、腹を割かれると男女の双子がいた。魚の腹に人間の子どもが入っていたことに驚いた漁師たちは、そのことをヴァス王に報告した。

その双子が自分の精子から生まれたことを察したヴァス王は、男の子だけを引き取って王位継承者としたが、女の子の方は魚臭かったので漁師に与えた。女の子は漁師に養育されてすくすくと育ち、魚の匂いは抜けなかったものの、サティヤバティーという美貌《びぼう》と知性を具《そな》えた申し分のない少女になった。

彼女は父の言い付けで川で渡し船の船頭をしていたが、ある日、彼女が働く渡し場に聖地巡礼をしていた聖仙パラーシャラがやって来た。彼は厳しい禁欲生活をしてダルマを守っていたが、神にも劣らぬ美しさと魅力を持つサティヤバティーに魅了されて愛の虜《とりこ》になってしまった。そして、パラーシャラはサティヤバティーに交わりを求めたのである。

サティヤバティーは川辺には他の行者の眼もあることだし、何よりも処女を失えば家に帰って父に合わせる顔がないと言って拒否する。すると聖仙パラーシャラは霧を作り出し、辺り一面は闇に覆われた。そして、彼は自分の願いを叶《かな》えてくれたら、たとえ男女の交わりをしても処女のままでいられるようにしてあげること、サティヤバティーの願いを何でも叶えてあげることを約束した。

サティヤバティーは自分の魚臭さが消えるような芳香を授けてくれるように頼んだ。パラーシャラは願い通り最高の芳香を授けてやった。聖仙の神のような霊力をすっかり信頼したサティヤバティーはパラーシャラと交わったのである。以降、彼女は「ガンダヴァティー（芳香を放つ女）」と呼ばれ、誰もが遠く離れたところからもその芳香を嗅《か》ぎ分けることができた。

目的を果たした聖仙パラーシャラは再び巡礼の旅に上って行った。そして、間もなくガンダヴァティーはヤムナー川の中洲《なかす》で男の子を産んだ。これが『マハーバーラタ』の著者とされるヴィヤーサである。神にも勝る知力と体力をそなえたヴィヤーサは生まれてすぐに母の前に立ち、苦行に専念する決意表明をした。彼は中洲（ドゥヴィーパ）で生まれたことからドゥヴァイパーヤと名付けられた。

また、インドでは宇宙の創世から滅亡に至る過程を四つのユガ（時期）に分け、各ユガは次第に衰退に向かうと考えられている（一九三〜一九四ページを参照）。ヴェーダ聖典も次第に廃れていくことが憂慮され、各時代にバラモンがそれを正確に継承するためにヴェーダ聖典を四つに分割（ヴィヤス）した。そのヴィヤスにちなんで「ヴィヤーサ」と呼ばれるようになったという。

以上の話は『マハーバーラタ』で語られているヴィヤーサの出自であり、全く伝説的な話で、この話からはヴィヤーサが実在の人物であるとの確証は得られない。しかし、『マハーバーラタ』を語った人物がいることも確かである。それでは誰がこの叙事詩を語った（書いた）のか。

古くから世界各地には神々や自然に語りかけ、称賛する吟遊詩人がいた。ギリシャでは『イリアス』『オデュッセイア』の著者のホメロスが有名であるが、インドにも多くの吟遊詩人がいた。彼らははじめ各地を巡歴して、弦楽器や打楽器などの韻律に合わせて詩を歌って僅《わず》かな報酬を得て生計を立てていた。

『マハーバーラタ』や『ラーマーヤナ』はそうした吟遊詩人たちによって語り継がれ、大戦争という主題を柱として各地の神話や昔話、民話などを取り込んで現在の形が作り上げられてきたものと思われる。

何度も述べてきたように、『マハーバーラタ』は一〇〇〇年近くにわたって加減や改変を繰り返しながら作り続けられてきた。そして、いまわれわれが読んでいる形になるまでには、恐らく何百という語り手が関わってきたと考えられる。その膨大な数の語り手を一人のキャラクターにまとめ上げたのがヴィヤーサという人物と考えて差し支えないだろう。

『マハーバーラタ』の語り手と聞き手

前述したように、インドの聖典には「シュルティ」と「スムリティ」がある。前者は「天啓」といわれ神が啓示したもので、『リグ・ヴェーダ』をはじめとするヴェーダ聖典（四ヴェーダ）がこれに当たる。後者はヴィヤーサのような聖仙が歴史的事象や昔話を基に述作したもので、『マハーバーラタ』や『ラーマーヤナ』、『マヌ法典』（一〇三ページを参照）などがこれに当たる。

かつてヴィヤーサは五人の弟子たちの求めに応じて『マハーバーラタ』を語った。

そして、その弟子の一人である聖仙のヴァイシャンパーヤナがバラタ族の王ジャナメージャヤに語った。ジャナメージャヤはアルジュナの曾孫《ひまご》で、クル族の唯一の後継者パリクシットの息子である。

シュルティが師から弟子に秘密裏に伝えられてきたのに対して、スムリティは吟遊詩人たちによって伝えられてきた。シュルティ（ヴェーダ聖典）は主にバラモンに独占され、バラモン以外の階級には普及しなかった。とりわけ、最下級のシュードラ（奴隷階級）はヴェーダを聞くこと自体が大罪と見なされた。一方、スムリティは吟遊詩人たちによって幅広い階層に広まっていった。その結果、『マハーバーラタ』は民族的叙事詩の地位を不動のものとしたのである。

また、大乗仏典は釈迦が語り手で舎利《しゃり》弗《ほつ》や阿難《あなん》といった弟子たちが聞き手になっている。例えば『般若心経《はんにゃしんぎょう》』の語り手は釈迦で、聞き手は「舎利子」、十大弟子の一人である舎利弗である。このような構想は『マハーバーラタ』などに倣ったもので、紀元一世紀ごろから作られ始めた大乗経典が、すでにヒンドゥー教の影響を受けていたことが分かる。

『マハーバーラタ』の梗概

『マハーバーラタ』の内容は極めて複雑である。著者であるヴィヤーサの出生の経緯を見ても分かる通り、各登場人物の出自や家系も複雑に入り乱れている。また、人間の女性との間に生まれた子どもも少なくなく、複雑さに拍車をかけている。従ってこの物語のサマリーを書くことは困難を極めるが、以下にできる限り簡潔にストーリーの要約を試みてみる。

『マハーバーラタ』の主役はバラタ族の後裔であるパーンドゥ王の五人の王子パーンダヴァ（「パーンドゥの息子たち」の意）と、その五王子の従兄弟《いとこ》であるカウラヴァ（「クル族の息子たち」の意）と総称される一〇〇人の王子である。そして、彼らの間で繰り広げられた大戦争がこの叙事詩のテーマである。

五人の王子の父パーンドゥは早くに亡くなった。そこで、母親のクンティーは五柱の神を呼び出してそれぞれとの間に子どもを儲《もう》けた。長男のユディシュティラは法の神ダルマ、次男のビーマは風神ヴァーユ、三男のアルジュナはインドラ、そして、医術の神で双子のアシュヴィン双神からはナクラとサハーデーヴァという双子が生まれた。

また、かつてクンティーはバラモン神から神々を呼び出す呪文を授けられた。あるとき、好奇心から太陽神を呼び出すと、太陽神は五兄弟とは別に彼女に子どもを授けた。その子はカルナと名付けられ、生まれながら甲冑《かっちゅう》を着けていたといい、大戦争で

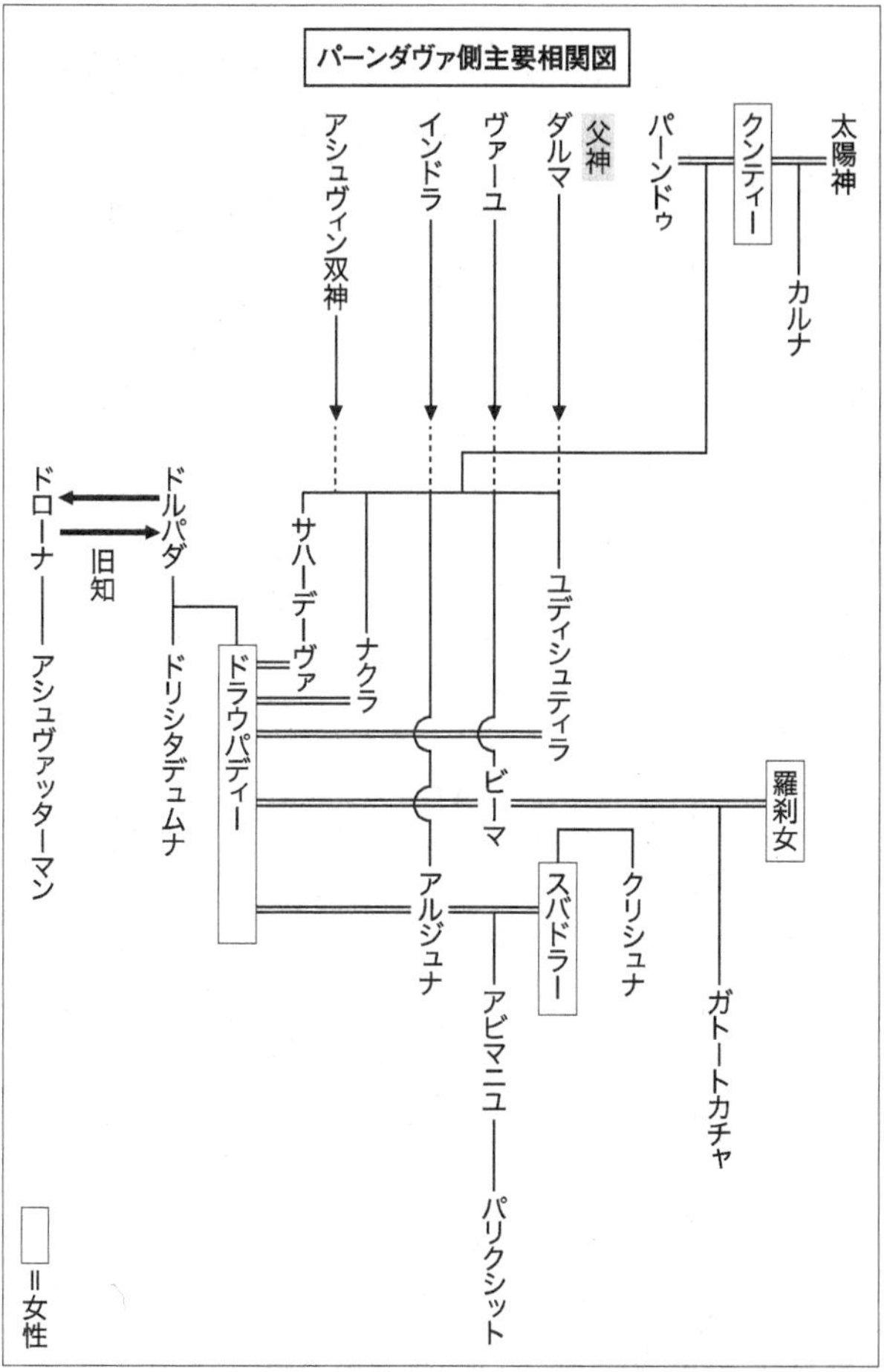
パーンダヴァ側主要相関図
太陽神
クンティー
パーンドゥ
カルナ
父神
ダルマ
ヴァーユ
インドラ
アシュヴィン双神
ユディシュティラ
ナクラ
サハーデーヴァ
ビーマ
羅刹女
ガトートカチャ
クリシュナ
スバドラー
アルジュナ
アビマニユ
パリクシット
ドラウパディー
ドルパダ
ドリシタデュムナ
旧知
ドローナ
アシュヴァッターマン
=女性

カウラヴァ側主要相関図

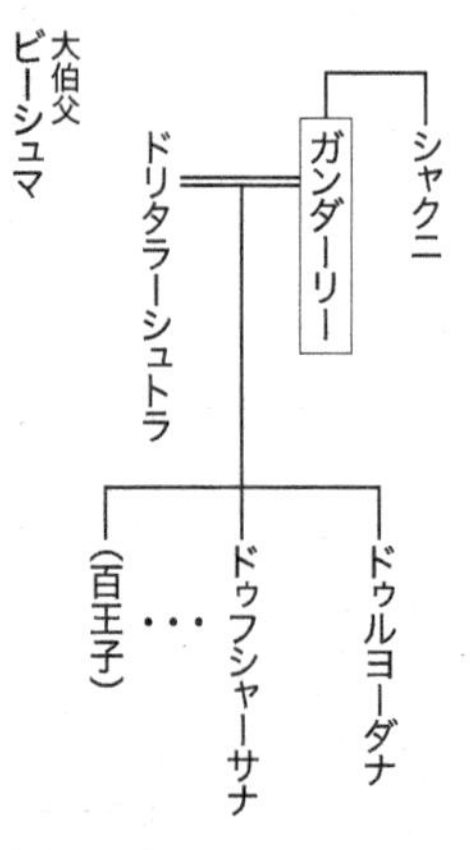

は五兄弟の兄でありながらカウラヴァ側の軍司令官としてパーンダヴァ軍と戦うことになる。

一方、百王子の父は盲目のドリタラーシュトラ、母はガンダーリーという。ガンダーリーは妊娠したものの二年経っても出産を見なかった。そこで、自分の腹を強く打つと、まるで鉄球のような肉の塊が出てきた。これを見たヴィヤーサ（『マハーバーラタ』の著者）がその肉の塊を百等分してギー[注1]を満たした壺《つぼ》の中に入れておくように指示した。その結果、二年後にドゥルヨーダナをはじめとする百王子が生まれたのである。

五王子と百王子は共に順調に育っていった。とりわけ、五王子はよくダルマを守り文武両道に優れ、人々の称賛の的となった。中でも三男のアルジュナは並びなき勇者として名声を博するようになる。このことに百王子は嫉妬《しっと》を抱くようになり、嫉妬は次第に敵愾《てきがい》心に変じていった。

また、五王子と百王子にはビーシュマという共通の大伯父《おおおじ》がいた。ビーシュマは双方の王子たちのご意見番的な役割を果たし、バラドゥヴァージャという聖者の息子で、武勇に秀でていたドローナを五王子の武芸師範とした。五王子はドローナの指導の下、武芸を磨きとりわけアルジュナは屈指の武芸者となった。

あるとき、百王子の父・ドリタラーシュトラの御前で武芸大会がもよおされた。このとき、アルジュナは卓越した武芸を披露して人々の喝采《かっさい》を浴び、百王子の長兄ドゥルヨーダナは嫉妬を増幅させた。しかし、この大会に五王子の兄であるカルナが参加してアルジュナに勝るとも劣らない妙技を見せた。これを見たドゥルヨーダナは大いに喜び、固い友情を結んだ。

また、ドリタラーシュトラは温厚な性格で、父親のいない五王子をわが子と分け隔てなく可愛がった。妻のガンダーリーは夫と同じ盲目の境涯で過ごすことを誓い、一生涯、布で目を覆って過ごした良妻だった。だから、五王子に対しても夫と同じ気持ちで接したのである。五王子に嫉妬と敵愾心を募らせ、遂に大戦争に突き進む原因を作ったのは、百王子とくに長兄のドゥルヨーダナだった。

〈花婿選び〉

あるとき、パンチャーラ国王[注2]のドルパダが娘のドラウパディーのために盛大なスヴァヤンヴァラ（婿選び）を行った。ドルパダ王と五王子の武芸師範のドローナとは幼《おさな》馴染《なじみ》だった。ドルパダ王はこの世に二つとない強弓を作らせ、その弓で空中に置いた金の的を射貫《いぬ》いたものに娘を与えると約束した。

参加者の誰一人としてその強弓を引くことができなかったが、五王子の三男アルジュナは軽々と強弓を引き絞って見事、金の的を射貫いた。ドラウパディーを連れて帰還したアルジュナは「施物《せぶつ》を得ました」と母のクンティーに告げた。母はその施物なるものを見ないで、「みんなで分けなさい」といった。その言葉を真に受けたアルジュナはドラウパディーを兄弟五人の共通の妻にした。

インドでは「一夫多妻」は当たり前だが、この場合は「一妻多夫」という極めて稀《まれ》な婚姻関係が成立したのである。おそらく、クンティーは施物をモノと勘違いしてみんなで分けろと言ったのであり、それをアルジュナが馬鹿正直に実行したというマンガのような話である。

五王子の結婚の話を聞いた百王子の父ドリタラーシュトラは、五王子の長兄のユディシュティラに王国の半分を与えた。彼はそこに壮麗な宮殿を建設し、弟たちと共にその国を統治した。兄弟はドラウパディーとの結婚生活を円滑にするために、誰か一人がドラウパディーと二人でいるときには絶対に邪魔をしないという規則を作り、違反した場合には一二年間の追放という厳しい罰則を設けた。しかし、あるとき、アルジュナが拠所《よんどころ》ない事情からこの禁を破ってしまった。家族全員が事情が事情だから追放には当たらないと言ったが、ダルマに忠実なアルジュナは自ら巡礼の旅に出た。

〈クリシュナとの出会い〉

一二年間の巡礼の旅も終わりに近づいたころ、アルジュナはプラバーサというところで英雄クリシュナに出会った。この邂逅《かいこう》を喜んだクリシュナは彼を自宅に招待したが、アルジュナはそこでクリシュナの妹のスバドラーを見初めた。二人は相思相愛になり、クリシュナも二人の仲を歓迎して結婚に賛成した。しかし、クリシュナは家族が反対することを見込んで、二人に駆け落ちすることを勧めた。

クリシュナの助言に従ったアルジュナは彼女と駆け落ちしてインドラプラスタに帰り、やがてスバドラーはアビマニユという息子を生んだ。アビマニユは長じて大戦争で大活躍をするが、最後は父親に先立って戦死する。

〈賭博で全財産を失ったユディシュティラ〉

長兄ユディシュティラをはじめとする五人の兄弟は、インドラプラスタにさらに豪華絢爛《けんらん》たる宮殿を作り、協力して国を治めて繁栄を手中に収めていた。そんな繁栄の様子を目の当たりにした百王子の長兄ドゥルヨーダナは嫉妬と敵愾心を増幅し、パーンダヴァ兄弟を何とか滅ぼそうと策を巡らした。

そんな悶々《もんもん》としたドゥルヨーダナを見た叔父《おじ》のシャクニがユディシュティラを骰子《さいころ》

賭博《とばく》に誘って打ち負かそうと助言した。この計画に百王子の父ドリタラーシュトラは反対したが、ドゥルヨーダナに説得されて承知する。ドリタラーシュトラは賭博の会場を設け、パーンダヴァ兄弟を招待した。

かくして始まった骰子賭博ではシャクニがユディシュティラの相手をしたが、シャクニが名うての博打《ばくち》うちだったのに対し、ユディシュティラはほとんど素人だった。ユディシュティラは負け続け、王国と全財産、弟たち、ドラウパディーまでも賭《か》けて取られてしまった。おまけにドゥルヨーダナの弟のドゥフシャーサナは、生理中で自室に籠《こも》っていたドラウパディーの髪を引っ張って引きずりだし、衣服を剝《は》ぎ取った上、公衆の面前で奴隷呼ばわりして辱めた。

この仕打ちに五兄弟はみな憤ったが、中でも次男のビーマはドゥルヨーダナとドゥフシャーサナの二人を八つ裂きにしてその血を飲むことを誓った。後日、その誓いは戦闘の場で現実のものとなる。

ドリタラーシュトラはドラウパディーが懇願したこともあり、王国や財産を没収せず、ドラウパディーもそのまま五王子の妻でいるという寛大な処置を下した。ドゥルヨーダナ等はこの処置を不満として再度、ユディシュティラに賭博で勝負することを迫った。二度目の賭博に負けた者は王国を出て一二年間、森で暮らし、一三年目には決して人に見られないという条件だった。

〈逃亡生活〉

二度目の賭博でもユディシュティラは惨敗し、兄弟やドラウパディーとともに修行者の身なりをして森に赴いた。

途中、アルジュナは一行と別れ、インドラから必勝の武器を授かるためにヒマーラヤ（ヒマラヤ山脈）に行った。彼は山中でインドラの化身の苦行者に出会ったが、苦行者から武器を得たいのならシヴァ神に会えと指示された。

アルジュナは山中でキラータという恐ろしい山賊を倒して進み、遂にシヴァ神の下に辿り着いた。シヴァ神は彼の勇気を認めてパーシュパタという必殺の武器とガーンディーヴァという神にしか扱うことのできない弓を授けてくれた。その後、アルジュナはインドラの都であるアマラーヴァティー▼注3に行った。インドラはアルジュナの訪問を歓迎し、さまざまな武器を授けてくれた。シヴァやインドラから授かった武器は、後の戦争で大いに活躍することになる。

他のパーンダヴァ兄弟とドラウパディーはカーミヤカという森で暮らしていたが、ある日、ローマシャという聖者が来てアルジュナの消息を伝え、森を出て聖地巡礼をすることを勧めた。そして、聖地巡礼の途次、ヒマラヤの山中でアルジュナと出会い、兄弟揃って一二年間の逃亡生活を終えた。

一三年目は人目に付くことがタブーとされていたので、それぞれ姿を変え素性を隠してマツヤ国のヴィラータ王の宮殿に入り込んだ。ユディシュティラは賭博師、ビーマは料理人、アルジュナは女性に扮《ふん》して王女ウッタラーに音楽や舞踊を教えた。また、ナクラは馬番、サハーデーヴァは牛飼い、ドラウパディーは王妃の召使として働くことになった。

彼らは首尾よく誰にも正体を見破られることなく過ごしていたが、あるとき、ドリガタ王国から来ていたキーチャカという将軍がドラウパディーに懸想した。彼女が拒否すると、怒ったキーチャカは公衆の面前でドラウパディーを足蹴《あしげ》にして罵《ののし》った。恥辱を与えられたドラウパディーはビーマにキーチャカを殺してくれと頼んだ。キーチャカは再びドラウパディーに言い寄って来たため、彼女は夜中に舞踏場で会う約束をした。そして、舞踏場に隠れていたビーマはいそいそとやって来たキーチャカを殺した。

キーチャカが死んだことを知ったドリガタ王国は、マツヤ国に戦争を仕掛けてきた。ビーマはドリガタ国王を捕えたが、ドリガタ軍はマツヤ王の牛を略奪して逃走した。マツヤ王はパーンダヴァ兄弟に支援を頼んで牛を取り戻すべくドリガタ軍を追った。そのとき、ドゥルヨーダナ率いるクル軍が横から入って来てマツヤ国を包囲した。これに対し、勇者アルジュナがマツヤ国のウッタラ王子の御者となって奮闘して牛を取り戻し、クル軍を追いやった。

パーンダヴァ兄弟とドラウパディーの正体を知ったマツヤ王は非礼を詫《わ》びて喜び、アルジュナに娘のウッタラー王女を、ユディシュティラにはすべての王子と財産を与えた。アルジュナは年若いウッタラー王女を息子のアビマニユの妻とした。

〈王国の返還に応じないカウラヴァ〉

一三年の逃亡生活を無事に終えたパウラヴァは、英雄クリシュナの仲介で王国の返還をカウラヴァに求めた。ドリタラーシュトラとビーシュマ（ドリタラーシュトラの伯父）はこの要求に快く応じたが、ドゥルヨーダナとカルナ（五王子の兄）はこれを突っぱね、パーンダヴァ一族を全滅させる戦争に意欲を燃やした。

このことを憂慮したドリタラーシュトラは、クリシュナに息子たちを説得してくれるように懇願した。しかし彼らは聞く耳を持たず、逆にクリシュナを捕えようとした。そのとき、クリシュナは偉大な神の力を現わして彼らを圧倒して宮廷を立ち去った。

このようにクリシュナの仲介も空《むな》しく交渉は決裂し、パーンダヴァとカウラヴァの血族間の戦争は避けられないものとなった。そして、戦端が開かれようとしたとき、勇者アルジュナは同族（血族）間で戦うことに疑問を抱き、戦意を喪失した。その様子を見たクリシュナは、同族の如何《いかん》を問わずアルジュナにとって戦うことがダルマである。そのダルマの遂行こそが意義あることである、と言ってアルジュナを叱咤《しった》激励した。クリシュナの説得によってアルジュナは士気を高め、戦場に向かうことになったのである。

このクリシュナとアルジュナのやり取りを語ったのが有名な『バガヴァッド・ギーター』で、『マハーバーラタ』の最大の山場の一つになっている。

〈一八日間の激戦〉

戦いはバラタ族の聖地クルクシェートラ▼注4で展開された。古代インドの戦争では二頭立ての戦車、象軍、歩兵などが活躍するが、とくに戦車の御者は同乗する戦士のナヴィゲーターとして、さらには作戦を立案する参謀として重要な役割を果たす。アルジュナの乗る戦車にはクリシュナが御者として乗り込んだ。また、武器としては弓矢や槍《やり》などが一般的だが、先にアルジュナがシヴァ神やインドラから拝領した神的な力が込められた武器もある。

また、戦闘の規模については具体的には分からないが、恐らく双方で一〇万を超える兵士、合わせて三〇万や四〇万の兵士の参加が想定されているのだろう。ギリシャの『イリアス』や『オデュッセイア』などに見られるのと同じように戦闘の基本は白兵戦であるが、もちろん、弓矢などの飛び道具も多用される。また、日本でも戦国時代まで行われていたことが知られているが、多くの兵士が見守る中で屈指の戦士が一騎打ちを行い、その場の戦闘の勝敗を決するという方法も取られていたようである。

ギリシャ神話でも槍や弓矢が武器になるが、特別の強弓など現実の世界でも実際に作ることが可能な武器が登場する。一方、『マハーバーラタ』に登場する武器は、アルジュナがシヴァ神から拝領したパーシュパタという兵器やガーンディーヴァという強弓が登場する。これらは天界で作られた超現実的な武器で、想像を絶する機能を持っている。

アルジュナは戦争が終結してパーンダヴァ軍が全滅した後に「恐るべき兵器」を使用しようとしたが、ヴィヤーサの忠告を受けてそれを回収したという。また、かつてパーンダヴァ兄弟の武芸師範だったドローナの息子のアシュヴァッターマンは「全世界を滅亡させる兵器」を使用したという。何やら核兵器を思わせる響きだが、これはシヴァ神が世界を破壊するということと関係があるのかもしれない。

また、五王子の兄カルナはインドラから一度だけしか使うことができない必殺の槍を授けられた。カルナはいずれアルジュナと対決する運命にあったが、クリシュナは二人が対決する前にカルナに必殺の槍を使わせようとした。彼はビーマと羅刹女《らせつによ》（鬼女）の間に生まれたガトートカチャを差し向けてカルナと対決させた。ガトートカチャの猛攻に耐え兼ねたカルナは、必殺の槍を使ってガトートカチャを殺した。そして、戦争の最終盤でアルジュナと戦うことになったカルナは、強弓ガーンディーヴァで射殺されてしまう。

一八日間に及んだ戦闘は第一日目から熾烈《しれつ》を極めた。パーンダヴァ側はアルジュナをはじめとする五王子、アルジュナの息子のアビマニユ、カウラヴァ側はドゥルヨーダナ、ビーシュマ、カルナ、ドローナなどが中心になって戦った。

ビーシュマは初戦から大活躍して多くのパーンダヴァ軍の兵士を殺した。しかし、一〇日目にアルジュナと対戦し、夥《おびただ》しい数の矢を射かけられて倒れた。五王子と百王子の共通の大伯父で、すべての人々から敬われていたビーシュマが倒れると、兵士たちは戦闘を中止してビーシュマの下に集まって来た。アルジュナは三本の矢を大地に射て枕にし、ビーシュマを静かに横たわらせた。ビーシュマは無益な戦争を中止するように勧めた。しかし、ドゥルヨーダナはそれに応じなかった。

一一日目、ドローナはユディシュティラを攻撃して生け捕りにしようとしたが、アルジュナの執拗《しつよう》な抵抗にあって難航した。そこで、一計を案じたドローナは特殊部隊を組織してアルジュナを攻撃し、戦列から引き離すことに成功した。アルジュナが戦列から離れると息子のアビマニユがユディシュティラの援護に回った。しかし、アビマニユはカウラヴァの兵士たちに包囲されて殺されてしまった。

第一三日目、アルジュナは息子のアビマニユ殺害の首謀者であるジャヤドラタ（ドリタラーシュトラ王の娘の夫）に復讐《ふくしゅう》するため、カウラヴァ陣営に攻め込んだ。そして、夕方にはジャヤドラタの首を刎《は》ねて雪辱を果たした。

第一四日目は先に述べたように、クリシュナがカルナの一度しか使えない必殺の槍を使わせるという出来事があった日である。必殺の槍を使ってしまったカルナは、強敵アルジュナに対してはほとんど無防備も同然になってしまったのである。

第一五日目には、パンチャーラ国のドルパダがカウラヴァの参謀ドローナを攻撃した。しかし、ドルパダはドローナの歯牙《しが》にかかる存在ではなく、ドルパダ軍はドローナによって殲滅《せんめつ》され、ドルパダ王も殺された。同じ日、ドローナは父親が殺されたことに激怒したドルパダの息子のドリシタドゥムナに殺された。

第一六日目も激戦が続き、多くの兵士が戦場の露と消えた。そして第一七日目には、ビーマがかつてドラウパディーを辱めたドゥルヨーダナの弟のドゥフシャーサナを殺してその血を飲んだ。そして、アルジュナは五王子の兄である強敵カルナを強弓ガーンディーヴァで殺した。

戦争最終日の第一八日目には、カウラヴァ軍は壊滅した。ドゥルヨーダナだけは逃亡して森の湖に隠れたが、パーンダヴァ軍に発見された。戦闘で疲れ果てたドゥルヨーダナは、森に隠棲《いんせい》して静かに余生を送りたいと願った。しかし、パーンダヴァたちはこれを許さず、ビーマと一騎打ちをすることになった。戦いには棍棒《こんぼう》が用いられ、棍棒使いの名手ドゥルヨーダナは巧みな技を繰り出してビーマと激しく戦ったが、最後に隙を突いたビーマがドゥルヨーダナの腿《もも》を刺して瀕死《ひんし》の重傷を負わせた。臍《へそ》から下を攻撃することは禁じ手だったことから、この反則攻撃にドローナの息子のアシュヴァッターマンが激怒し、瀕死のドゥルヨーダナに駆け寄って敵軍を皆殺しにすると誓った。アシュヴァッターマンは誓い通りパーンダヴァ軍の多くの兵士を殺した。その報告を聞いたドゥルヨーダナは大いに満足して息を引き取った。

これに対して怒りを募らせたパーンダヴァ軍の猛攻を受けたアシュヴァッターマンは、父親から授けられた世界を滅亡に導く大量破壊兵器を使用しようとした。一方、アルジュナもそれに匹敵する恐るべき兵器を使用しようとしたが、ヴィヤーサ（『マハーバーラタ』の著者）の忠告によりその兵器を回収した。しかし、アシュヴァッターマンはその兵器をパーンダヴァの女たちの胎内に向けて発射した。これによって、パーンダヴァの子孫は全滅したが、アルジュナの孫のパリクシットだけは蘇生《そせい》したのである。

クリシュナはアシュヴァッターマンを非難し、彼が三〇〇〇年の間、孤独のうちに地上を彷徨《さまよ》うであろうという呪いをかけた。そして、この呪いから逃れられないことを知ったアシュヴァッターマンは、すべてを放棄して森に去った。

カウラヴァの長ドリタラーシュトラと妻のガンダーリーは、息子たちを失ったことで深い悲しみに囚われ、パーンダヴァに対しては憤りを露《あら》わにした。しかし、性来、温厚なドリタラーシュトラはその怒りをよく収め、妻のガンダーリーも夫に従順に従った。

また、ガンダーリーは血族同士の殺し合いを放置し、むしろそれを主導したクリシュナを非難し、強い怒りの念を抱いた。彼女は三六年後にクリシュナの親族が互いに殺し合い、クリシュナ自身は森で孤独のうちに最期を遂げるだろうという呪いの言葉をかけた。後にその呪いは現実のものとなる。

ドリタラーシュトラとパーンダヴァ五王子は共同で戦死者の葬儀を営んだ。葬儀を終えた五王子の長兄ユディシュティラは、自分が賭博に負けたことが大戦争を引き起こし、一族が滅亡する原因になったとして深い自責の念に駆られ、王位を弟に譲って森に隠棲しようと考えた。そのとき、ヴィヤーサがすべては運命に従ったまでのことで、戦争を遂行したことにより王族としてのダルマを果たしたのだと言って励ました。このように励まされたユディシュティラは、クル国の王位に就いた。ユディシュティラは前王のドリタラーシュトラが隠遁《いんとん》生活に入るまでの一五年間、前王の意見を尊重して善政を行った。

そして、終戦から一五年後、ドリタラーシュトラはガンダーリーと五王子の母のクンティーを伴って森に隠棲した。つまり、四住期《しじゅうき》（一二八ページを参照）のうちの林住期に入ったのである。あるとき、ユディシュティラは兄弟と共にドリタラーシュトラを訪問した。ガンダーリーはヴィヤーサに頼んで戦死した一族や兵士たちを天界から呼び出してもらった。再会を喜んだ彼らはすべてを水に流して語り合い、一夜の団欒《だんらん》にすっかり満足した。しかしその二年後、ドリタラーシュトラはガンダーリー、クンティーとともに山火事に巻き込まれてこの世を去る。

大戦から三六年後、ガンダーリーの呪いは現実のものとなり、クリシュナの親族は互いに殺し合って悲惨な最期を遂げ、クリシュナは森で鹿と間違えられて猟師に矢を射られて死んだ。

〈世を捨てたユディシュティラ〉

クリシュナの一族が死に絶えたことを知ったユディシュティラは、王位を退くことを決意した。彼はパウラヴァ一族の唯一の後継者であるパリクシット（アルジュナの息子のアビマニュの遺児）を即位させ、四人の弟とドラウパディー、それに一匹の犬を連れて北方を目指して旅に出た。彼らはヒマーラヤを越えてメール山[注5]に達し、そこで瞑想《めいそう》して天界に至ろうとした。

しかし、弟たちとドラウパディーは途中で挫折《ざせつ》し、ユディシュティラと犬だけがメール山に至ることができた。山頂に着くとすぐにインドラが戦車に乗って迎えに来て天界に連れて行くと言った。しかし、ユディシュティラは弟たちやドラウパディーが一緒でないので、自分だけ天界に行くわけにはいかないと言った。すると、彼らはすでに肉体を離れて純粋な魂となって天界に行っている旨を告げた。

それを聞いたユディシュティラが戦車に乗ろうとすると、インドラは犬は捨てていけと告げた。これに対してユディシュティラは、長年可愛がってきた犬を捨てることはできないと拒否する。すると、犬はダルマ神の姿を現わして彼の愛情の深さを讃《たた》え、インドラや他の神々と共にユディシュティラを天界まで送った。

〈一族との再会〉

天界に着いたユディシュティラは兄弟や妻の姿を確認することができず、代わりにカウラヴァのドゥルヨーダナが一族と共に幸せに暮らしていた。ユディシュティラは神々の使者に、弟たちや妻のいるところに連れて行ってもらうことにした。神々の使者に導かれて進んでいくと、そこは甚だしい悪路で、暗い上に耐え難い悪臭が立ち込めていた。そんな劣悪な状況に耐え兼ねたユディシュティラが引き返そうとしたとき、弟たちや妻、そして一族のものたちの引き留める声を聞いた。

ユディシュティラが見たのは地獄の光景で、そこで弟たちは苦しんでいたのである。彼はドゥルヨーダナたちカウラヴァの邪悪な一族が天界でのうのうと暮らし、パーンダヴァ一族が地獄で苦しんでいるのは余りにも理不尽であると考えたが、自分もかつての一族の長としてみなで地獄の苦しみを味わうことにした。しかし、すぐに神々がやって来るとその地獄は天界に変わった。天界も地獄もすべてインドラが創り出した幻影（マーヤー）だったのである。

すべての人間は死後、一度は地獄を見なければならない定めになっており、生前の行いの善し悪しや身分は関係がなかった。ユディシュティラは天界の聖河（ガンジス）で沐浴《もくよく》し、純粋で清浄な魂となって一族とともに永遠に平安な暮らしに入ることができた。

以上が『マハーバーラタ』の主節の梗概《こうがい》である。主節は全体の五分の一ほどであるが、それでも日本の『古事記《こじき》』や『日本書紀《にほんしょき》』をはるかに超える分量である。ある程度、話の筋を辿りながらその内容を簡潔にまとめることは非常に難しく、ここに示した梗概も、そう呼ぶには余りにも嵩《かさ》が増してしまった。しかし、『マハーバーラタ』は『ラーマーヤナ』とともにヒンドゥーに最も親しまれている叙事詩で、とりわけ、『マハーバーラタ』はヴェーダを凌《しの》ぐ重要な聖典とされている。そこで、ページ数が膨らんで小著全体のバランスを欠くことには目を瞑《つぶ》ってこの梗概を載せることにした。

注1　ギー　牛やヤギなどの乳を湯煎《ゆせん》のようにゆっくりと加熱し、その上澄みを濾過《ろか》したもの。こうすることによって水分やタンパク質が除去され、純粋な脂肪分だけが残る。アグニホートラやディワリーなどの祭式に用いられ、祭火に投じて神々の供物にする。また、本格的なインドカレーはギーで素材を炒《いた》める。

注2　パンチャーラ国王　パンチャーラ国はクル国やマガダ国、コーサラ国などと並ぶ一六大国の一つで、この国の王は強大な勢力を誇っていた。

注3　アマラーヴァティー　インド南東部、現在のアーンドラ・プラデーシュ州の州都。クリシュナー河岸にあることからクリシュナの都とされているが、ヒンドゥー教とともに仏教が栄え、ナーガールジュナ・コーンダなどの著名な仏教遺跡がある。

注4　クルクシェートラ　インド北部のハリヤーナー州の都市。インドに侵入してきたアーリア系のクル王が築いた国で、「ダルマクシェートラ（聖なる地）」とも呼ばれている。また、クリシュナが『マハーバーラタ』の一章である『バガヴァッド・ギーター』を説いた地ともされ、ヒンドゥー教徒にとっては重要な聖地である。

注5　メール山　サンスクリット語で「シュメール」といい、古代インドの世界観で宇宙の中心に聳《そび》えるとされていた高山で、その山頂は神々の棲《す》む天界に接していると考えられていた。後に仏教に取り入れられて仏教世界の中心に聳える山とされ、その上にブッダ（仏）の世界があると考えられるようになった。仏典では「須弥山《しゅみせん》」と漢訳されている。

叙事詩『ラーマーヤナ』

『ラーマーヤナ』は『マハーバーラタ』と並ぶインドの二大叙事詩で、インドで国民的支持を集めていることはもちろん、タイやカンボジア、インドネシアなどの東南アジア、さらには仏教を介して中国、日本、チベットにも伝えられた。とくに東南アジア諸地域では演劇や舞踏などに仕立てられ、多くの人々に親しまれている。『マハーバーラタ』と同じく二行一詩で、全七巻、二万四〇〇〇詩頌《しじょう》、四万八〇〇〇行からなる。ボリューム的には『マハーバーラタ』の四分の一ほどだが、『聖書』やホメロスの『イリアス』『オデュッセイア』に匹敵する大冊である。

『ラーマーヤナ』という書名は「ラーマ(Rama)」と「アーヤナ(ayana)」という二語の合成語でラーマはこの叙事詩の主人公の「ラーマ王子」、アーヤナは「行状、生涯」という意味である。意訳すれば「ラーマの行状、ラーマの生涯」といった意味になり、文字通りラーマ王子の一代記を綴《つづ》ったものである。

『マハーバーラタ』と同じく、歴史や出来事を綴った単なる叙事詩ではなく、主人公をはじめとするさまざまな登場人物の高潔な振舞いや、逸話の中に深遠な哲学思想や倫理的志操(主義主張を固く守る心)が表れている。このことはホメロスをはじめとするどの古典文学にも見ることができない。そして、その根底に流れる哲学思想の根元はヴェーダ聖典、とりわけ、ヴェーダの哲学部門であるウパニシャッドに求めることができるだろう。

　また、この叙事詩の挿話にはユーモアに満ちたものが少なくない。たとえば、重要なキャストの一人（一匹？）である神猿ハヌマーンは、人間をはるかに凌ぐ知恵を具えており、彼に率いられる猿軍も戦いにおいては人間以上に秩序ある行動を取る。しかし、彼らが果樹園に差し掛かったとき、いきなり隊列を乱して果実を貪《むさぼ》り食うのである。ラーマをはじめとする高潔な人物の物語の中にあって、このようなユーモラスな話は読む者をホッとさせる。そして、『ラーマーヤナ』のそのような性格が、人々により親しみを感じさせ、東南アジアなどの広い地域に普及した大きな要因と考えられるのである。

『ラーマーヤナ』の作者

作者は古代インドの聖仙ヴァールミーキとされているが、伝説的な人物でその実像は不詳である。ただ、『マハーバーラタ』の作者とされるヴィヤーサと同じく、『ラーマーヤナ』でも作中人物として登場する。それによると、ヴァールミーキはナーラダという聖仙からラーマという高潔な人物の話を聞く。あるとき、彼の耳にシュローカ調という極めて美しい韻律が入って来たと思うと同時に梵天が現れた。梵天は彼にその韻律に乗せてラーマの一代記を詠い上げるように勧めた。そして、出来上がったのが『ラーマーヤナ』であるという。

　また、ラーマ王子の妃《きさき》シーターは世人から不当な不貞の誹《そし》りを受けた。ラーマはシーターを疑っていなかったが、世の中の噂が消えるまでシーターを森に追放することにした。このとき、シーターはすでに身籠《みごも》っており、森の隠棲所でラヴァとクシャという双子の男児を生んだ。ヴァールミーキは隠棲したシーターを手厚く保護し、双子の兄弟の養育を手伝ったという。

　別の伝承によれば、彼は王家に生まれたが生後間もなく森に捨てられ、盗賊の一団に拾われて育てられた。長ずると盗賊の一味として旅人の金品を強奪することを生業《なりわい》とするようになる。ある日、一人巡礼の旅をしていた聖仙を襲うと、その聖仙は落ち着いて彼を制止し、人生の意義について諭した。その聖仙がヴァールミーキにラーマの存在を教えたナーラダである。

　改心したヴァールミーキは、ナーラダの弟子となって厳しい修行生活に入った。ヴァールミーキは深い瞑想に入ったまま一〇〇〇年のときを過ごし、その間に彼の周りはすっかり蟻塚（ヴァルミーカ）に覆われた。その苦行の結果、聖仙となり、蟻塚にちなんでヴァールミーキと名乗るようになったという。

　一説にヴァールミーキは紀元前五世紀から同二世紀ごろの人とされているが、この生存年代も余りにも幅があってまともな史実とはかけ離れている。『ラーマーヤナ』

は紀元前五世紀ごろから作られはじめ、恐らく『マハーバーラタ』と同じように、数百年の歳月を費やして現在見られるような形にまとめられたと見て良いだろう。その間に多くの聖仙や吟遊詩人によって語り継がれてきた。つまり、非常に多くの作者が主節の物語に伝説や説話などを挿入してきたのであり、制作に関わった多くの聖仙や吟遊詩人を一人のキャラクターにまとめ上げたのがヴァールミーキであるということができるだろう。これは『マハーバーラタ』の作者とされるヴィヤーサについてもいえることで、日本の聖徳太子《しょうとくたいし》や弘法大師《こうぼうだいし》などが種々の尾鰭《おひれ》が加わってその人物像が作り上げられたのと同様である。

『ラーマーヤナ』の梗概

『ラーマーヤナ』は『マハーバーラタ』に比べて分量も少なく、話の内容もそれほど複雑ではない。主節はコーサラ国のラーマ王子がラークシャサ（悪魔）のラーヴァナに誘拐された妻のシーターを奪還する物語である。主要な登場人物は主人公のラーマ王子、その妻シーター、ラーマ王子の異母弟のバラタ王子とその母のカイケーイー、ラクシュマナとシャトルグナの双子の兄弟とその母のスミトラー、神猿ハヌマーンなどである。

〈第一編　少年の巻〉

先ず最初に、作者とされるヴァールミーキの来歴が語られる。そして、次はコーサラ国のダシャラタ王とラーマ王子をはじめとする四兄弟の出生にまつわる話である。子宝に恵まれなかったダシャラタ王は馬祀《ばし》祭（アシュヴァメーダ、第三章を参照）という大規模な祭祀を催して子どもの誕生を祈願した。

そのころ、神々はラーヴァナという一〇頭二〇腕の悪魔に迫害されて苦しんでいた。かつてラーヴァナは厳しい苦行をして梵天を喜ばせ、神々や怪物、野獣と戦っても絶対に破られることはないという特権を授けられた。それで、天界の神々はラーヴァナに良いようにやられていたのである。しかし、ラーヴァナは人間をバカにして人間には負けないという特権を梵天に求めなかった。

そこで、神々はヴィシュヌ神に人間界に生まれてラーヴァナを退治してくれるように懇願した。承諾したヴィシュヌ神はダシャラタ王の前に降臨し、王に壺を渡してその中の神液を王妃たちに飲ませるように指示した。第一王妃のカウサリヤー妃には神液の半分を、第二王妃のスミトラー妃には八分の三を、第三王妃のカイケーイー妃には残りの八分の一をそれぞれ飲ませた。

月が満ちるとカウサリヤー妃はラーマを、スミトラー妃はラクシュマナとシャトルグナを、カイケーイー妃はバラタを生んだのである。四人の王子はいずれもヴィシュ

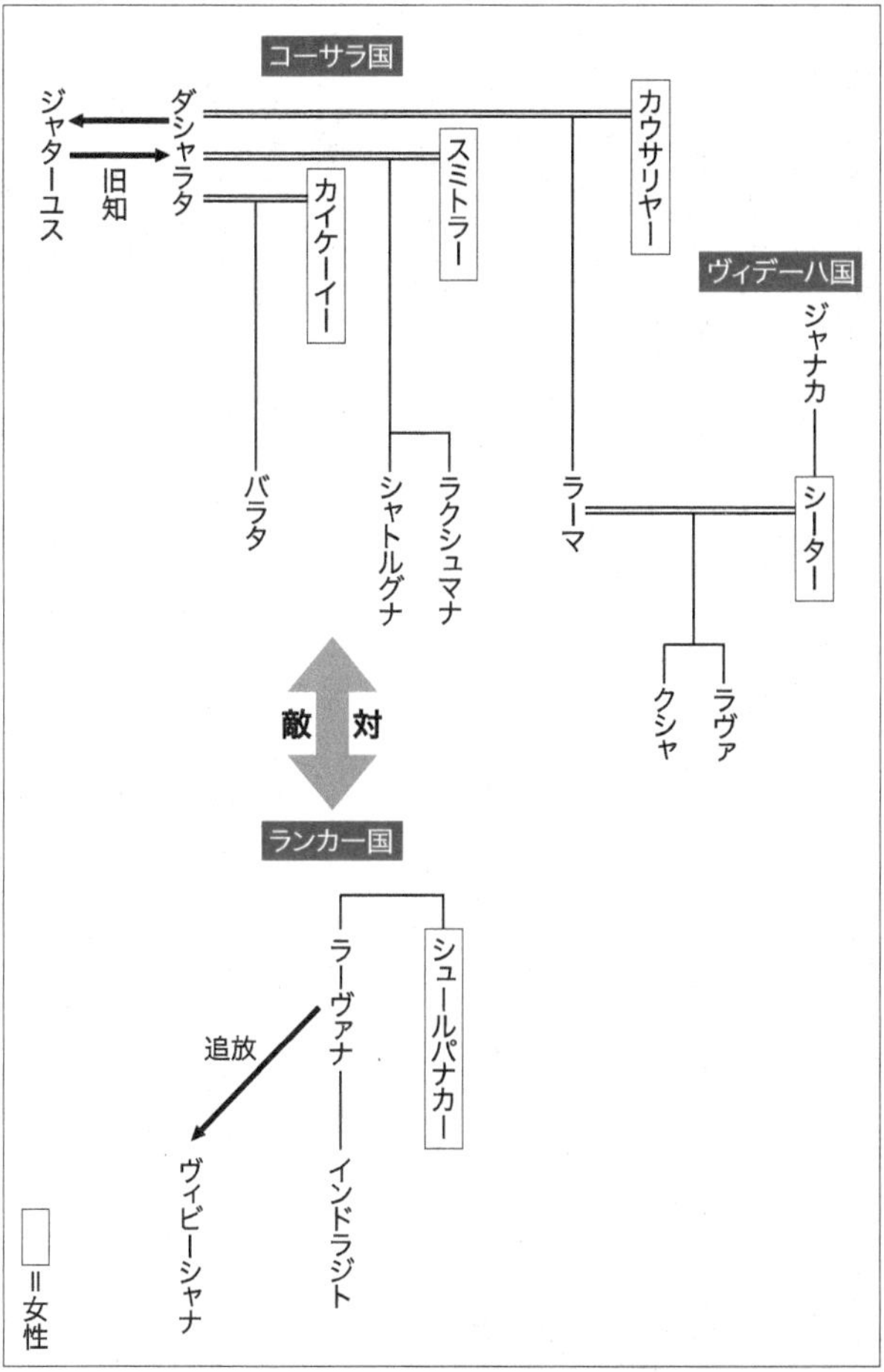

コーサラ国
ジャターユス
旧知
ダシャラタ
カウサリヤー
スミトラー
カイケーイー
バラタ
シャトルグナ
ラクシュマナ
ラーマ
ヴィデーハ国
ジャナカ
シーター
クシャ
ラヴァ
敵対
ランカー国
ラーヴァナ
シュールパナカー
追放
ヴィビーシャナ
インドラジト
□＝女性

ヌ神の化身で偉大な徳を具えていたが、とりわけ長兄のラーマはヴィシュヌ神の威徳をそのままに具え、ラーヴァナ退治のリーダーとして活躍することになる。

あるとき、四王子はヴィシュヴァーミトラに連れられてヴィデーハ国のジャナカ王が主催する婿選び（スヴァヤンヴァラ）に参加した。そこで抜群の力量を見せたラーマはジャナカ王の養女のシーターを射止めて盛大な婚礼を営み、他の三王子もそれぞれジャナカ王の娘と結婚することになった。その後、ラーマとシーターは数年の間、幸せに暮らしたのである。

〈第二編　首都アヨーディヤーの巻〉

高齢になったコーサラ国のダシャラタ王は、生きているうちにラーマに王位を譲る決意をした。神にも見紛《みまが》うようなラーマが王位を継ぐことを大臣をはじめ国民の皆が祝福し、即位式の準備が進められた。

そんな国全体がお祝いムードに包まれている中、第三王妃のカイケーイーの邪悪な心根の女召使が王妃に息子のバラタを王位に就けるように進言した。善良な王妃はこれを一言の下に拒否したが、召使は執拗に進言を繰り返した。

かつて、ダシャラタ王が戦場で瀕死の重傷を負ったとき、カイケーイーの献身的な介護で一命を取り留めたことがある。そのとき、喜んだ王はカイケーイーの望みを二つだけ無条件で聞き入れると約束したのである。カイケーイーはその約束をとくに重要視せず、要求も出さないままですでに忘れていた。しかし、そのころから仕えていた召使は覚えていて、ダルマに忠実な王が王妃の要求を拒否できないと考えていたのである。

召使に唆されたカイケーイーは、ダシャラタ王にバラタを王位に就けてラーマは森に追放することを約束させた。王は悩んだ末に王妃の望みを実現した。父王が約束を破るという罪を犯すことを恐れたラーマは、森に去ることを進んで承諾した。シーターと弟のラクシュマナはラーマに随行することを希望した。ラーマはこれを拒否したが二人の決意は固く、不承不承承諾した。そして、三人は大臣や国民に惜しまれながら森林を目指して旅に出たのである。

一方、兄を尊敬するバラタは王位に就くことを拒否し、軍隊を率いて兄たちがいる森に行き、ラーマに国に帰って王位に就くように懇願した。しかし、ラーマは王位に就けば父がカイケーイーとの約束を破った罪に陥ることを理由に頑《かたく》なに拒否する。

かえってラーマに諭されたバラタは、仕方なく森を後にしてコーサラ国の首都アヨーディヤーに帰った。しかし、彼は玉座の足元にラーマの履物をそなえてラーマに見立てて朝夕礼拝し、自分はアヨーディヤーの郊外に簡素な館《やかた》を作り、ラーマが森林生活を終えて帰るまで政務を代行することにしたのである。

古今東西を問わず権力の座を求めて争う話はいくらでもある。しかし、ラーマとバラタのように権力の座を譲り合う話は稀である。われわれはシェイクスピアの『リア王』や『リチャード三世』の薄汚い権力闘争に触れるとき、強い不快感を覚える。しかし、ラーマとバラタのような権力の譲り合いには、言い知れぬ安堵《あんど》感を覚えて癒《いや》される。このような美談の存在が、多くの国民に『ラーマーヤナ』が支持される要因でもある。

〈第三編　森林の巻〉

『マハーバーラタ』にも幻想的な物語が多いが、『ラーマーヤナ』の物語はそれ以上に幻想的で、まるでSF小説を読むような趣がある。このようなインド文学に見られる幻想性は大乗仏典にも取り入れられ、『華厳経《けごんきょう》』や『法華経《ほけきょう》』などでは奇想天外な物語が展開される。

この第三巻からは魔女や怪物、神格化された動物などが登場する幻想の世界が展開される。そしてここから、シーターがラーヴァナにさらわれ、ラーマとラクシュマナがシーター奪還の苦悩の旅に出るという、この叙事詩の本筋に入っていくのである。

ラーマはシーターとラクシュマナとともに、ダンダカの森で苦行者たちと共に隠遁生活に入った。そこで神にも見紛うラーマの姿を見たラーヴァナの妹の魔女シュールパナカーは、彼に懸想して一緒に暮らそうと迫る。ラーマにこれを拒絶されたシュールパナカーは、シーターに嫉妬して彼女を襲った。これを見たラクシュマナは怒ってシュールパナカーの鼻と耳を切り落とした。

憤激したシュールパナカーは、海を越えて兄のラーヴァナのいるランカー（セイロン島）へ飛んで、兄にラーマたちへの復讐を依頼した。そして、復讐の方策としてシーターを奪取することを提案した。妹が鼻と耳を切り落とされたことを知ったラーヴァナは激怒した。そして空を飛ぶ車に乗ってラーマたちがいる隠棲所にやって来て、シーターをさらう機会を窺った。

ラーヴァナの復讐を予測して警戒していたラーマとラクシュマナは、厳重に警戒してシーターを守っていたが、ラーヴァナは姦計《かんけい》を巡らしてシーターを捕え、ランカーへ連れ去った。その途中、ジャターユスという名のハゲワシがラーヴァナを攻撃してシーターの奪還を試みたが、ラーヴァナの矢に当たって撃ち落とされた。ランカーに着いたラーヴァナはシーターを監禁して羅刹女（魔女）たちに厳重に見張らせた。

一方、シーターがいなくなったことを知ったラーマとラクシュマナは彼女の行方を追った。その途中、瀕死のジャターユスに会い、彼からシーターが南の方に連れ去られたことを知らされる。ジャターユスはそのことだけを告げて話半ばで息を引き取った。ジャターユスはラーマたちの父のダシャラタ王の旧友で、国家の若い妃のために身命を賭《と》して戦ったのである。

ラーマとラクシュマナはシーター探索のために南方を目指した。その途中、カパンダという頭のない巨大な怪物に襲われて長い腕で押さえられた。兄弟が剣を抜いて腕を切り落とすとカパンダは崩れ落ちた。そして、自分は過去の因縁によって頭のない異様な姿に生まれることになったが、ラーマ兄弟がやっと異様な身体から解放してくれたと言って感謝し、そのお礼としてバンパー湖の近くに住むスグリーヴァという猿王がシーターの行方を教えてくれるだろうと告げた。

〈第四編　王国キシュキンダーの巻〉

カパンダに教えられた通りバンパー湖にやって来た兄弟は、そこで猿王スグリーヴァに会った。実はこのスグリーヴァは兄のヴァーリンによって王国キシュキンダーと妻を奪われ、バンパー湖のある森で大臣のハヌマーンとともに隠棲していたのだった。そのことを聞いたラーマとラクシュマナは、スグリーヴァを支援してヴァーリンを倒し、王国キシュキンダーを奪還した。

喜んだスグリーヴァは、その恩に報いるためにハヌマーンをはじめとする配下の数百万の猿をシーター捜索に派遣することを約束した。猿の大軍を率いて南方に向かったハヌマーンは、途中でハゲワシのジャターユスの兄のサンパーティに出会った。彼はラーヴァナがシーターをランカーに連れて行くところを目撃していたのだった。一行はサンパーティからランカーの所在地を教えてもらい、先ずはハヌマーンが偵察のために海を飛んでランカーに渡ることになった。

〈第五編　優美の巻〉

高々と飛び上がったハヌマーンはひたすら南を目指した。途中、さまざまな怪物や妖怪《ようかい》が現れて妨害したが、四日後にはランカーに着くことができた。ランカーの各所を捜し回った末、ハヌマーンはようやくショーカの森で拘束されているシーターを見

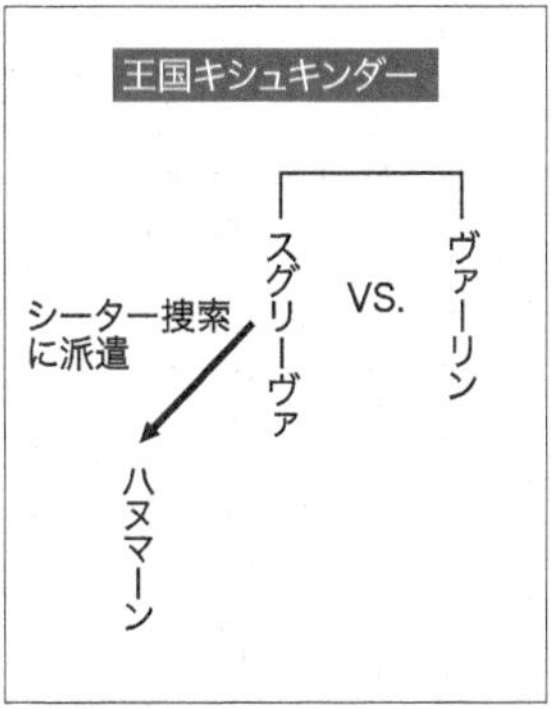

ハヌマーンのラーマへの会見

つけることができた。シーターはハヌマーンに二カ月後には殺されると告げた。

ハヌマーンを見つけた監視の魔女たちは彼に襲い掛かり、激しい戦闘の末にハヌマーンは捕らえられてラーヴァナの前に連れていかれた。ラーヴァナはハヌマーンを縄できつく縛り、尻尾《しっぽ》に油に浸した布を巻き付けて火をつけた。そして、尻尾に火がついた状態でランカーの市中を引き回したが、その火が身体に回ることはなかった。引き回されているうちにハヌマーンはその怪力で縄を解き、燃え盛る尻尾で街に火をつけてランカーの街を焼き払った。その後、ハヌマーンは再び海を飛び越えてラーマの下に戻り、一部始終を報告した。

〈第六編　戦争の巻〉

ハヌマーンの報告を受けたラーマは、すぐにシーター救出の策を講じた。しかし、ハヌマーンのように自由に空を飛ぶことのできない彼らにとって、海を渡ることは困難である。ラーマとラクシュマナはどうやって海を渡ったものかと思い悩んだ。実はハヌマーンは風の神の子どもで、父から飛翔《ひしょう》の能力を授かっていたのである。

そのころ、ラーマの一連隊が侵攻してくることを伝え聞いたラーヴァナは、大臣たちと対策を協議していた。その席上、ヴィビーシャナという叡知《えいち》に優れた大臣がシーターを返したらどうかと進言した。これに腹を立てたラーヴァナはヴィビーシャナを追放した。ラーヴァナの攻撃を恐れたヴィビーシャナはラーマに保護を求め、同盟を結んでラーヴァナを倒すことになった。

ヴィビーシャナは海の神の力を借りて海に橋を架けるように提言した。これに基づいて、ラーマは猿たちを動員して岩や木材で橋を作らせることにし、数日のうちに橋は完成した。そして、ラーマに率いられた猿の大軍団はランカーに渡り、ラーヴァナ軍との大戦争がはじまったのである。

ラーヴァナにはインドラジトという息子がいたが、軍団の中で異彩を放っていた。彼はさまざまな魔法に精通しており、その魔法を駆使して戦うインドラジトには誰も対抗することはできなかった。剛勇ラーマとラクシュマナも彼と戦って瀕死の状態に陥ったが、そのとき、ハヌマーンがカイラーサ山から採って来た薬草を処方して生き返った。その後、ラーマとラクシュマナはインドラジトと戦って、彼を殺したのである。

息子が殺されたことに激怒したラーヴァナは、ラーマとラクシュマナを攻撃し、熾烈な戦いの末にラーヴァナは死んだ。ランカーを平定したラーマは早速シーターを迎えに行った。しかし、ラーマはラーヴァナの後宮で過ごしたシーターが貞節を守らなかったのではないかと疑い、妻として国に連れて帰ることはできないと主張した。

憤慨したシーターは潔白を証明するために火中に身を投じた▼注1が、火神アグニに守られて火傷《やけど》一つ負わなかった。アグニ神はシーターが囚われていた間も固く貞節を守ったことを証明し、ラーマもそれを認めた。

そして、ラーマはシーターや弟のラクシュマナたちを伴って故郷のアヨーディヤーに帰還した。留守を守っていた弟のバラタとシャトルグナをはじめ、大臣や国民たちから熱狂的な歓迎を受け、正式に王位に就いたラーマはシーターと共に幸せに暮らした。

〈第七編　後続の巻〉

ラーマが王位に就いてしばらくしたとき、好ましくない噂が王国内に広まった。アグニ神が証明した一件を知らない人々が、シーターがラーヴァナの下で本当に貞節を守ったかどうかを疑ったのである。ラーマはシーターが貞節を守ったことを確信していた。しかし、その噂が国民を動揺させることを危惧《きぐ》し、シーターをヴァールミーキ(『ラーマヤーナ』の作者)が隠遁生活を送っている森に追放した。

すでに身籠っていたシーターは、その森でクシャとラヴァという二人の息子を出産した。二人はヴァールミーキが養育してすくすくと育った。あるとき、ヴァールミーキは二人をラーマに引き合わせた。そして、二人がヴァールミーキが作った「ラーマの物語(『ラーマーヤナ』)」をよどみなく朗読すると、ラーマはクシャとラヴァがシーターの子であることを知った。ラーマの物語には偽りのない真実がすべて書かれていたのである。

しかし、真実を求めてやまないラーマは、シーターにさらなる貞節の証《あかし》を求めた。シーターは貞節の証を大地の神に求めた。すると、大地が割れて黄金の玉座に坐った大地の神が現れ、シーターを抱いて大地の深みに消えて行った。シーターがいなくなったことにラーマは嘆き悲しんだが、その後は独身を通して長きにわたってコーサラ国を統治した。

そして、ヴィシュヌ神がラーマとして地上に降臨してから一万一〇〇〇年後、時を司るカーラ神がラーマの下を訪れ、そろそろ天国に帰るときが来たことを思い出させた。これに応じたラーマは息子たちに王位を譲り、弟をはじめ多くの人々を伴ってサラユー川▼注2の辺《ほとり》に赴いた。ラーマがこの川に身を投じると、ヴィシュヌの姿に戻り神々の住む天界に昇って行った。そして、同行したすべての人々もサラユー川に身を投げ、梵天の計らいによって天界に昇っていったのである。

注1　潔白を証明するために火中に身を投じた　火中や煮え湯に手を突っ込んだりして、身の潔白を証明することは古代社会で行われた一種の宗教裁判である。偽りのないものは火傷をせず、偽りがあれば火傷をするというものである。

注2　サラユー川　インドのウッタル・プラデーシュ州にある聖河で、下流でガンジス川と合流する。ヒンドゥーはガンジス川で沐浴すると天国に行くことができると信じられており、ガンジス川と合流したり、下流で枝分かれする川で沐浴すれば同じ功徳が得られると考えられている。サラユー川もそんな聖河の一つで、古都アヨーディヤーからは数キロのところにある。

聖典『プラーナ』

ヴェーダや二大叙事詩とともにヒンドゥー教の信仰を支える聖典に「プラーナ文献」がある。プラーナは「古き物語」という意味で、『マハーバーラタ』の著者とされる伝説的な聖仙ヴィヤーサの著作とされている。その内容はヒンドゥー教の神々にまつわる神話、伝説、歴史、祭祀の意義や実践方法、ヒンドゥー教の寺院の建築や美術、さらには、医学や音楽、哲学に関する広範なもので、ヒンドゥー教の「百科全書」的な様相を呈しており、「第五のヴェーダ」ともいわれている。

インドでは広義のヴェーダ聖典はバラモン、クシャトリヤ、ヴァイシュヤの上位の三階級のみに学ぶことが許され、シュードラや不可触民、女性はこれを閲覧することすらタブーとされている。『マヌ法典』（後述）にはシュードラはヴェーダが読誦《どくじゅ》されるのを聞くことすら許されず、もしも聞いた場合には熱く溶けた鉛を耳に流し込むように規定されている。

しかし、昔話としてのプラーナはシュードラや女性でも読むことができる。ヒンドゥー教はすべてのインド人に門戸が開かれている民族宗教、民間信仰である。そして、シュードラや不可触民はインドの人口の半数以上を占め、階級を問わず全人口のおおよそ半数の女性がいる。その意味でプラーナがヒンドゥー教の普及に果たした役割には計り知れないものがある。

また、ヴェーダやウパニシャッドが古典サンスクリット語[注1]と呼ばれる、いわば正規のサンスクリット語で書かれているのに対して、プラーナはプラークリット語[注2]と呼ばれる俗語で書かれているものが多い。バラモンをはじめとする上層の知識階級はサンスクリット語を使うことができるが、一般民衆には縁がない言語である。

また古代のインドでは、ヴェーダなどの聖典は文字に表されることなく、口伝によって伝えられ、その範囲もごく限られた子弟の間で行われていた。つまり、神聖な教え（秘儀）は秘密裏に伝えられていたのであり、その秘密を守るためには複雑で難解な言語が必要だったのである。そして、そのことはバラモンをはじめとする上層階級の地位を守るためにも重要な意味を持っていたのである。

しかし、ヒンドゥー教の裾野《すその》が広がっていくと、民衆の間から神話や伝説、神々の出自や系譜、祭式などについて知りたいという要望が高まった。それに応える形で登場してきたのがプラーナだったということができるだろう。そのような要望に応えるために、プラーナでは神話などの元の話を改変して民衆に受け入れられやすい形にしている場合が多い。

たとえば、『ラーマーヤナ』のエンディングは悲劇になっているが、後に作られた『ウッタラ・ラーマ・チャリタ』(『ラーマ王後日物語』)ではエンディングをハッピーエンドとし、一般大衆の感情にも受け入れやすい形に改編している。

注1　古典サンスクリット語　周知の通りインドは夥しい数の言語を持つ多言語国家であるが、早くからバラモンなどの知識階級の間で聖典を記すための格調高いサンスクリット語の整備が進められた。このような機運の中で紀元前三世紀にはパーニニという大文法学者が輩出して文法体系を確立し、以降、二〇〇〇年以上にわたって全く変化していないのである。サンスクリットという言葉は「完成された」とか「正しく構成された」という意味で、聖典用語として人工的に作られた言語である。その言語体系は難解で、ごく一部の教養人だけが習得することができる。このことは、アーラニヤカやウパニシャッドが森の奥深くで師から弟子に秘密裏に伝えられたことからも分かるだろう。しかも、会話には不向きで専ら聖典の筆記のみに用いられた。インドではごく限られた知識人の間でサンスクリット語が用いられており、大多数の一般大衆には全く関係がない。

注2　プラークリット　インド各地で使われているさまざまな言語の総称で、サンスクリット語のように統一の文法体系を持たない。インド各地を巡って説法をした釈迦はその土地土地で使われている言語で説法をしたといわれ、とくにプラークリットの一つであるパーリ語を多用したという。釈迦の肉声に近いといわれる仏典はパーリ語で表されている。

『マヌ法典』

紀元前一八世紀の『ハンムラビ法典』をはじめ、多くの古代法典が作られてきたが、紀元前六世紀ごろからインドでも「ダルマ・シャーストラ」と呼ばれる古代法が作られるようになった。「法典」とは体系的に組織された成文法の集成のことで、必ずしも近代的な法律と同義ではない。古代の法典には宗教的意義も含まれており、とくにインドのダルマ・シャーストラは宗教的色彩が強い。

ダルマ・シャーストラの代表が紀元前二世紀ごろから紀元二世紀ごろに作られた『マヌ法典』で、今もヒンドゥーの生活規範として効力を保っている。「マヌ」とは創造神ブラフマーの息子で最初の人類とされ、そのマヌが説いたのが『マヌ法典』である。全一二章からなる内容は概《おおむ》ね以下の通りである。

第一章ではタマス（暗黒、カオス）の状態から全宇宙が生まれたことを説き、バラモンは実に、生まれながらにして法（ダルマ）の宝庫の保護のために「一切有類（すべての人間、生き物）の主として、地上に生まれ来れるなり」（第一章）と説き、この法典がアーリア系のバラモン階級を中心としたものであることを示している。

第二章でダルマの「源」に言及し、再生族、すなわち上層三階級のみがこの法規（『マヌ法典』）を学ぶ資格があり、それ以外の階層（シュードラ以下）のものには学ぶ資格がないことを明言している。また、それぞれの再生族が入門式（ウパナヤナ）を行う時期や学生期のそれぞれの階層に適《かな》った行動の規範を事細かに示している。

第三章は家住期における婚姻の意義や一〇種類の婚姻の形式について言及し、それぞれの階層に適した結婚について語っている。そして、家住期の行動の規範について、家長の義務や祭式の作法などについて詳説している。この中でシュードラに教訓を垂れたり、神に供えた供物の残りを与えたりすると、地獄に落ちると戒めている（第四章）。

第五章は食物についての規定、食べてよいものと食べてはいけないものについて語り、潔斎（身を清めること）の意義や方法について述べている。死の穢《けが》れに触れたときの潔斎法、大小便をしたときの潔斎法などが述べられ、大小便をしたときには土で手などを清めるべきであると説く。また、一般にヒンドゥーはアヒンサー（不殺生、非暴力）を原則とするが、供犠《くぎ》（儀式）のために獣を殺すことは殺生ではないとしている。

しかし一方で、一〇〇年間にわたって毎年、馬祀祭（アシュヴァメーダ、一四六ページ参照）を行うものと全く肉食をしないものとは、同じ功徳を授かると述べている。さらに婦人については「婦人は幼にしてその父に、若き時はその夫に、夫死したる時は、その子息に従うべし。婦人は決して独立を享受すべからず」といい、儒教とまったく同じ男尊女卑の態度を示している。

第六章には林住期及び遊行期の意義や過ごし方などが記されている。林住期にはヴェーダ聖典の読誦に専念し、常に精神を統一して一切の生類に憐憫《れんびん》の情を捧げ、肉類を避けて菜食に徹するべきと説かれている。また、夏は炎天下に身を晒《さら》し、雨季には露天に住し、冬には濡《ぬ》れた衣服を纏《まと》って過ごせば、苦行を増進することができるという、林住期が単なる悠々自適のリタイヤ生活でなく、解脱に向かう修行生活の一環であることを明示している。そして、祖霊祭（第三章を参照）などの祭式を執り行い、日の出、正午及び日没時の沐浴を欠かしてはならないといっている。

林住期を終えるといよいよ人生の第四段階の「遊行期」に入る。世事に対するあらゆる執着を捨て、無一物、一所不住の生活を実践するのである。すでに、林住期において執着を離れているはずであるが、遊行期においてその純度を高め解脱に邁進《まいしん》するのである。「常にただ独り、成就（解脱）を求めて、伴侶《はんりょ》なく」遊行の旅を続けることが求められる。そして、解脱を求める者は施物を受ける鉢だけを持ち、粗末な衣服を着て、樹下に寝起きしなければならず、肉体を維持するための僅かな食物を得るためにのみ村に赴く。

釈迦は二九歳の時に出家し、第三の林住期を経ないで遊行期に入り、八〇歳で亡くなるまで一所不住の生活を実践した。三二歳で家を捨てた一遍上人《いっぺんしょうにん》は、五一歳で没するまで無一物、一所不住の生活をし、後に「遊行聖《ゆぎょうひじり》」の名で敬われた。

初期の仏教（いわゆる小乗仏教）は出家主義で、基本的には遊行を理想とする。しかし、出家者のみに解脱（悟り）のチャンスがあるならば、圧倒的多数の在家者は悟りの機会に恵まれないことになる。かといって、出家者の生活は在家者の布施によって支えられているのであり、すべての人が出家してしまえば出家者自身、生活の糧を失うことになる。

ここに初期の仏教は大きな矛盾を抱えていたが、その矛盾を解消したのが紀元前後に興起した大乗仏教である。在家主義を標榜《ひょうぼう》した大乗仏教は、すべての人が在家のままで解脱を果たすことができると説いた。そして、ヒンドゥー教は四住期を設けることによって、その矛盾を解消したのである。

第七章から第九章にかけては、王族（クシャトリヤ）のあるべき姿などが説かれている。「世人（との交渉）に於いては伝承の法を重んじ、人民に対しては父の如く振舞う」べきであるといい、「クシャトリヤの義務を想起し、戦闘を回避すること勿《なか》れ」と述べている。『マハーバーラタ』の主人公アルジュナは、まさにここに説かれたクシャトリヤの義務を想起して親族と戦うことの意義を見出《みいだ》したのである。

第八章では裁判の種類や正しい審理の方法が示されている。王は審理に際して威厳ある態度を保ち、学識あるバラモンとともに公正な審理を行うべきであると説く。そして、正義は不正義によって滅ぼされるのであり、裁判を執行するもの（王）は決して正義を冒瀆《ぼうとく》してはならない、と戒める。そのほか、殺人や窃盗、姦通《かんつう》などの罪に対する刑罰について細々と記されている。

第九章では婦人の義務や婚姻、相続について詳細に述べられ、ヴァイシュヤとシュードラの生業や生活規範についても語られている。またこの章では、第五章で説かれた婦人の義務について、さらに事細かな規定が述べられている。

婦人は常に監督下に置かれて家事に専念すべきである。というのも、婦人の本性は御し難いものだからであるという。これは『論語』の「女子と小人《しょうじん》は養い難し」という言葉とも共通する概念で、男尊女卑に基礎を置いた考え方である。現代においても世界中でこの考え方から抜け出し切れていないが、今もインドではその傾向が強い。

また、この章では婚姻に関しても詳細な規定が示され、夫に不貞を働く妻は有無を言わさず離縁することができるといい、不妊の妻は八年目に、子どもが死んだときには一〇年目に、娘しか生まない妻は一一年目に離縁することができると説かれている。しかし、一方で夫は妻を神から与えられたものとして娶《めと》り、神々に喜ばれるように妻に接し、扶養しなければならないという。

また、相続は長子（長男）のみに限られ、他の兄弟は長子を亡き父と同等に見なして彼に従うべきであると述べている。ただし、他の兄弟にも与えられる付加的相続分もあることを説き、その相続分についても具体的に規定されている。このほか、母親の財産、つまり、結婚したときの持参金、庶子（嫡妻外の男子）の相続、さらには相続権のないもの、重篤な病や精神に障害があって正常な判断能力を欠いているものなど、あらゆる相続の利害関係者について詳細に語っている。

第一〇章では異なるカースト同士の雑婚によって生まれる子どもについて、また、アーリア人と非アーリア人との間に生まれた子どもについて、それぞれが従事すべき職業について事細かな規定がなされている。同じ階級の男女が結婚して生まれた子どものみが同じ階級に属する、つまり、バラモンを父母とする子どもはバラモン階級に属する。

クシャトリヤの男性とシュードラの女性の間の子どもは、両方の階級の特性を受け継いだ狂暴、残忍な行為を好むという。また、バラモンの父とシュードラの妻との間に生まれた子どもは、父の階級に属するといわれるが、母の階級の欠点を背負うことから何かと非難されるという。

さらにバラモンの男性とシュードラの女性との間に生まれた子ども、及びその子孫が代々シュードラの女性と結婚すると、七代目に完全にシュードラとなる。バラモンの男性とクシャトリヤの女性との間の婚姻が繰り返されると、三代目の子どもはバラモンかクシャトリヤのいずれかのカーストに属することになり、バラモンとヴァイシュヤの場合は五代目にどちらかのカーストに属する。

アーリア人と非アーリア人との間の子どもについては、以下のように規定している。アーリア人の男性と非アーリア人の女性との間に生まれた子どもについては、その徳によってアーリア人の部類に入るとされるが、非アーリア人の男性とアーリア人の女性との間の子どもは、アーリア人とは似て非なるものとなるという。ただし、このような民族を異にする者の間に生まれた子どもは純粋なアーリア人ではなく、アーリア人の母から生まれたアーリア人の子どものみが純粋な血統で、浄法の規定に従う価値があるという。

また、種（男性）も畠《はたけ》（女性）もどちらも重要であるが、不毛の土地に蒔《ま》かれた種はそこに滅び、肥沃《ひよく》な畠でも種が蒔かれなければ不毛になってしまうといい、▼注1 アーリア系と非アーリア系の男女が子どもを作ることに関しては、消極的に認めているということができるであろう。

これは、アーリア人がインドで勢力を広げていく上で非アーリア人との雑婚は避けられず、それを繰り返すことによってバラモン教がヒンドゥー教に変容していった歴史的事実を認めざるを得なかったことを示すものと考えられる。そこで法典は純粋なアーリア人を理想としながら、雑婚も認めるという曖昧《あいまい》な認識を示しているのである。

また一〇章の後半には、それぞれのカーストが従事すべき職業について、そしてどのようにして生計を立てていくべきかが詳しく説かれている。まず、バラモンが最上の階級であることを示し、バラモンに命ぜられているのはヴェーダ聖典の教授と学習、自ら及び他者のために供養を行うこと、自ら他者に施し（布施）他者から施しを受けることの六つの行為であり、他者のためにヴェーダ聖典を教授すること、祭祀を行うこと、布施を受けることが彼らの生活手段（職業）であるという。そして、クシャトリヤは武器を所持して戦うこと、ヴァイシュヤは商業、牧畜、農業などが相応の職業である。

最下層のシュードラは他の階級、とくにバラモンの召使として仕えてさまざまな雑用をこなすほか、他の三階級が手を下すことのできない業務を担当して、社会の底辺を支える。もともと、彼らは聖典であるシュルティやスムリティに触れることさえ禁じられており、その意味ではシュルティである『マヌ法典』の埒外《らちがい》に置かれているので、ダルマ（法）に従う義務もない。だから、法を犯して罪を作ることもあり得ないのである。

第一一章はさまざまな罪とそれに対する贖罪《しょくざい》法が述べられている。はじめに、再生族の中で最も優れているバラモンには祭祀の謝礼として、または、ヴェーダ学習の糧として施物《せぶつ》（施しの金品、布施）を与えるべきである。謝礼の少ない祭祀は執り行ってはならないと説く。

大罪としてはバラモンの殺害、スラー酒[注2]を飲むこと、バラモンの金を盗むこと、尊者（グル）の妻と姦通すること及びこのような罪を犯したものと交際することとされている。また、同母姉妹、未婚の処女、最も低い階級の婦人、友人の妻あるいは息子の妻との性的な交渉は大罪とされる。[注3]

贖罪法としては、たとえばバラモンを殺したものは家を離れて森に小屋を作り、死者の頭蓋骨《ずがいこつ》をその標識として乞食《こつじき》をして一二年間過ごすべきであるという。バラモン殺しではないが、『マハーバーラタ』の中でアルジュナたちが一二年間、森の中で過ごしたのはこの規定による。ただし、このような大罪を犯したものは、ヴェーダを学ぶバラモンに彼の全財産、あるいはバラモンが生活を維持するに足る富、さらには家や家財道具を与えて罪を贖《あがな》うことも可能であるという。

また、罪を犯したものは自白することによって、蛇が脱皮するように罪から解放されるといい、自らの悪しき行為を厭《いと》うことで彼の肉体（霊魂）は罪から解放されるという。罪の自白は仏教でも重視され、新月の晩と満月の晩に布薩《ふさつ》（ウポーサタ）と呼ばれる集会を開き、師僧や他の僧の前で過去半月間に犯した罪を告白する。さらに、苦行をすることによってあらゆる罪は焼き尽されるとも説かれている。

最後の第一二章は輪廻について、そして、いかにして輪廻から解脱するかについて述べられている。先ず、人は身（身体）・語（言葉）・意（心）の三種の行為の善し悪しによって、最も高等なもの、中等のもの、最も下等なものに生まれ変わる。つまり、これら三種の行為によって輪廻転生を繰り返すというのである。そして、三種の行為を抑制することによって、順次良いところに生まれ、これを徹底すれば究極の解脱（悟り）を達成することができるという。

また、人間の心はサットヴァ（智）、ラジャス（無智）、タマス（愛欲）の三つの性質に覆われている。そして、物欲が盛んで欲望を上手《うま》く制御できないものはラジャス、貪欲《どんよく》で惰眠を貪り、無信仰で邪悪な生活を営むものはタマスに心が覆われていて解脱を果たすことはできない。しかし知を追求し、ダルマに従って善行を行うものの心はサットヴァの性質に覆われている。そして、サットヴァの性質のものは神となり、ラジャスの性質のものは凡夫（ふつうの人間）となり、タマスの性質のものは常に畜生となるのであり、人は行いの善し悪しなどによって輪廻転生してそのいずれかの性質のものになるという。

以上、各章の内容のごく一部を紹介したが、『マヌ法典』に於ける法律的規定は全体の四分の一ほどで、後は天地創造や宇宙論、宗教論、道徳論などで占められており、全体としては「百科全書」的な体裁になっている。また、法律的規定に示される贖罪（罰則規定）は、近代法の罰則のように国家権力によって科せられるものではなく、贖罪をするか否かはあくまでも個々の心に委《ゆだ》ねられている。

その意味で、この法典はヒンドゥーの生活、人生の指針を示したもので、それに従うかどうかは個々人の裁量に任されているということができる。しかし、単に外面的な生活規範を示すだけでなく、インド人の心の在り方にまで立ち入り、ヒンドゥーにとっては近代法以上に強い拘束力を持っているのである。

ただし、『マヌ法典』はあくまでもバラモン階級の法典であり、その意味で一貫してバラモン階級の擁護を強調している。そして、各階級が従うべきダルマについて整然と述べ、バラモン中心のヒンドゥー社会を秩序づけ、現在も続くカースト制度（第三章を参照）の基盤を形成している。

人類はその発展の段階で階級分化し、どこの世界（社会）にも各階級の在り方について暗黙の了解がある。日本でも弥生《やよい》時代ごろから階級分化が見え始め、その後、進展が続き律令《りつりょう》制時代には皇族や貴族などの特権階級に関してかなり細かい規定がなされた。そして、江戸《えど》時代にはいわゆる「士農工商」の身分制度が定められて各階層の役割やあり方などがかなり具体的に示された。明治以降、四民平等がとなえられたが、その後も華族制度によって特権階級が認められ、旧武士階級を「士族《しぞく》」、農民や町人階級を「平民」とするなど、出自や貧富の差による階級分化は厳然として存在した。そして、今もその残照は見られ、社会の各所である種の歪《ゆがみ》を生んでいることは否定できない。

しかし、インドほど整然とした階級制度を確立し、『マヌ法典』のように個々の階級の義務と役割を細々と規定し、それが現在も効力を持っている国を他に見ることはできない。

このことは、早い時代に土着の非アーリア系民族を支配下に置いたアーリア人が、自らの優位な立場を不動のものにするための長年の努力の結果ということができるのではないだろうか。そして、これほどまでに細部にわたる規定がなされているのは、インド民族の分析癖、探求癖の賜物《たまもの》といってもいいかもしれない。

注1　種(男性)も畠(女性)も……不毛になってしまう　この表現は現代の人権意識に照らして不当・不適切であるが、法典成立当時の時代背景およびその内容を正しく理解するためにも記述のままとした。

注2　スラー酒　古代インドの聖典などにソーマ酒とともに出て来る酒で、穀物などを原料とする醸造酒と考えられている。ソーマ酒はソーマ草という植物を原料とし、祭儀の功徳を促進する神聖な飲み物とされているのに対して、スラー酒は害を及ぼす邪悪な酒とされている。実態は分からないが、ソーマ酒はアルコール飲料ではなく幻覚剤（麻薬）のようなもので、スラー酒が庶民的なアルコール飲料だと考えられている。

注3　大罪とされる　このような罪については今も日本で読まれている祝詞の中にも親兄弟など近親間の姦淫《かんいん》、馬の皮を生剝ぎにして殺すことなどが大罪として挙げられている。

輪廻転生と業

「輪廻」とは人が死んでも再び生まれ変わるという生死を繰り返すことである。このような思想は古代ギリシャなどにもあったようで、プラトンは著書『国家』の中の「テスの物語」でも、蘇生したテスという兵士が垣間《かいま》見た前生、つまり輪廻転生の世界を記している。

輪廻はサンスクリット語で「サンサーラ」といい、「流れ」「回り巡ること」という意味である。インドではすでにブラーフマナ文献（紀元前九〇〇年から紀元前五〇〇年ごろに成立）にその萌芽が見られる。そしてウパニシャッドの時代になると、「五火二道説」というまとまった形でとなえられるようになった。

「五火説」とは、死者の魂は火葬の煙と共に天界に上り、一旦、月に留まる。その後、雲の中に入って雨となって地上に下り、麦などの植物の根から吸収されて穀物となる。その穀物を食べた男性の精子となり、この男性と性的な交わりをした女性の体内に注ぎ込まれ生まれて来るというものである。

「二道説」は死者が天界に上る道が二つあり、一つは月に留まった後にかつて祖霊たちが通った道を通って再生するものである。もう一つは神々の道で、ここを辿るものは地上に再生することはない。「五火二道説」は火葬の煙にヒントを得て考え出されたものと思われる。

火葬はアーリア人がもたらした習俗で、紀元前一五〇〇年ごろにインド西北部に侵入し、紀元前一〇〇〇年ごろにはガンジス川流域に進出したアーリア人の先頭に立った戦士（クシャトリヤ）たちの間に普及したものと考えられる。

初期の輪廻思想は、死んでからより良き境遇に生まれ変わることが期待されたが、ウパニシャッドの時代になると哲学的思考が深まるにつれて、死後、そんな境遇に生まれ変わるか否かは生前の行い、つまり、カルマによって決められると考えられるようになった。しかも生前の行い如何によっては、来世に幸福な人間に生まれ変わるどころか畜生（動物）、さらには地獄などの悲惨な世界に生まれ変わる可能性がある。

輪廻の語の原義からも分かるように、生と死は永遠に繰り返される。こうなると、輪廻転生（生まれ変わり）を繰り返すことは「苦」にほかならないと考えられるようになり、輪廻からの解脱が求められるようになった。

また、業（カルマ）は行為のことで、われわれ人間が行う善悪の行動を表し、身体的行為、言葉による行為、心による行為の三つがある。行為は瞬時に終わるが、その行為の結果は潜在力として残る。たとえば、電話で友人と何時、何処で会おうと約束をした場合、約束の言葉は瞬時に消えるが、約束をしたという事実は潜在力として残る。そして、約束を破った場合、信頼を失って友人関係が壊れるなどさまざまな支障を来たす。このような行為の持つ潜在力を「業（カルマ）」といい、これが輪廻の原因になると考えられたのである。

ウパニシャッドの重要思想である輪廻と業の観念は、他のインドの宗教や哲学にも取り入れられたが、とりわけ仏教ではその考究が盛んになり、時代と共に輪廻や業の思想がより体系的に説かれるようになった。

たとえば、仏教における「六道輪廻《ろくどう》」の「六道」とは、地獄・餓鬼・畜生・修羅《しゅら》・人間・天の六つの世界のことである。地獄は生前に罪を犯したものがおもむく世界で、地獄は地下深くにあって、日々過酷な刑罰に苛《さいな》まれる。餓鬼は食べ物を食べることができず、常に空腹に悩まされる世界。畜生は馬や牛など動物の世界で、人に虐げられたりして過酷な日々を送る世界。修羅は常に戦いを繰り返す世界。人間は文字通り

「人間」のことであるが、これにも幸不幸さまざまな人生がある。天は神々の世界で六道の中では最高の世界である。しかし、神々といえども行い如何によっては他の下位の世界に生まれ変わり、急転直下地獄に生まれ変わる可能性もある。

このことから、善い行いをすると良い世界に生まれ、悪い行いによって地獄などの悪い世界に生まれるという「因果応報《いんがおうほう》」の思想が生まれた。もともとカルマ（業）は単に行為という意味だから、その行為自体には善悪の別がなかった。しかし、とりわけ仏教は宗教というよりも倫理的な性格が強く、釈迦の肉声に近い文言を含んでいるといわれる『ダンマ・パダ』などの初期の経典は、倫理的な色彩が強い。そこから部派仏教の時代になると、倫理的な側面から業の考究が進められ、極めて複雑な「業論」が展開されたのである。

ただし、ウパニシャッドの中にも「善業」と「悪業」が説かれており、すでにブラーフマナ文献には「因果応報」の思想が述べられ、それが今もヒンドゥーの倫理観の規範になっている。繰り返すが、ヒンドゥーの最終目標は輪廻からの解脱である。そのためには生前から行いを慎みより良い生存に生まれ変わることを理想とする。ヒンドゥーの場合、解脱を果たすためには定められた祭祀を忠実に実行すること、つまり、ダルマを実行することが至上命令とされる。

ヒンドゥーの人々は輪廻の思想を通じて「来世」を固く信じている。だから、彼らにとって死は生の始まりであって恐ろしいものではないという。ただ、死期が近づいた多くの人々が口を揃えて言うのは、死ぬことは怖くはないが、生まれ変わったときに生前親しくしていた人たちと会えないのは寂しいということだという。それがヒンドゥーの死生観、世界観のようだ。

日本人にとっての輪廻と業

縄文《じょうもん》時代の遺跡からは、手足を折り曲げて埋葬された遺骨、あるいは身体の上に大きな石を乗せて埋葬された遺骨が複数発掘されている。これについては諸説あるが、死後の復活を恐れたものだとも考えられている。すでに縄文時代の人々にも再生の観念があり、生まれ変わりを信じていたことが窺われる。

六世紀に仏教が伝来すると、それとともに輪廻や業の思想が伝えられ、日本人はこの思想をすんなりと受け入れ、その後の人生観、死生観に深く根を下ろすことになった。奈良時代には釈迦の前世における善行《ぜんぎょう》から悟りを開くまでの伝記を綴った『過去《かこ》現在因果経《げんざいいんがきょう》（以下、『因果経』という）』がもたらされ、この経典の内容を絵巻物にした「絵《え》因果経」が作られ、現在も国宝や重要文化財指定の伝本が複数現存している。

絵因果経は主に皇族や貴族の間で親しまれ、彼らの間に輪廻や業、さらには、因果応報の思想が普及していった。さらに、平安《へいあん》時代の末に成立したと見られる『今昔物《こんじゃくもの》

絵因果経

語集《がたりしゅう》』の中にも、輪廻や業をテーマとした説話が収められ、鎌倉時代以降、仏教が民衆の間に広まると、彼らの間にも輪廻や業の観念が普及し、再生をテーマにした伝説や説話も語られるようになった。

　また、悪業は善業を積むことで減滅すると考えられ、慈善事業や信心を深めることで悪業を滅して良い生に生まれ変わろうという考えも生まれた。近世になって盛んになった追善廻向《ついぜんえこう》（供養）も、善業が悪業を滅するという考えに基づくものである。肉体が無くなった死者は善い行いをすることができない。追善供養とは、亡き人の代わりに生きている縁者が善い行いをして、その善業を死者に追加するという意味である。「廻向」は（死者に）善業を「廻《まわ》し向ける」という意味である。

　後世、その善業とは年忌《ねんき》法要《ほうよう》を行って寺僧にお布施を納めることとされた。このような追善供養のシステムは遺族の心を満たすことにもなり、同時に寺の利害にもマッチしたことから、江戸時代にはますます盛んになった。

　また、江戸時代に芸能や娯楽が盛んになると、寺社の境内などで「ろくろ首」という見世物が行われるようになった。「親の因果が子に祟《たた》り」という口上とともに首が蛇のようにどんどん伸びていくというもので、要するに親が悪業を重ねた結果、子どもの首に異常を来たしたという話である。子どもだましの様な見世物だが、そこには輪廻や業の思想、因果応報の思想が含まれているのである。

「因果」とは因果関係のことである。すべての事象には必ず原因があり、その結果として物事が生じて来る。「ろくろ首」の口上によれば、親の悪業を原因として子どもの首が伸びるという異常な結果をもたらしたことになる。ただし、善悪の結果をもたらすのは、あくまでも個人個人が行った業（行為）によるのであり、親子といえども親（他者）の業が子ども（第三者）に反映するということはない。第三者の業も引き受けなければならないとすれば、石川五右衛門《いしかわごえもん》やヒットラーの業もわれわれに影響を及ぼすということになる。

　ただし、業は生まれてから死ぬまでに限ったものではない。前世から蓄積された業が今生の生存に降りかかり、今生で行った善悪の行為は来世に影響を及ぼす。だから仏教的にいえば、無事に成仏して来世で平安な暮らしをするためには、前世と今生の業を完全に滅する必要がある。そのためには追善供養が欠かせないのだ。

解脱達成への「ダルマ」「アルタ」「カーマ」

「解脱」はサンスクリット語で「モークシャ」といい、「拘束から解放された状態、自由になった状態」という意味である。つまり、死んでもまた生まれ変わって苦悩の生存を繰り返す輪廻の連鎖から解き放たれた状態ということである。すでに紀元前七世紀ごろの初期ウパニシャッドの時代に説かれており、後に仏教やジャイナ教をはじめ他のほぼすべての宗教に採用され、その最終目標とされている。

また、モークシャとほぼ同義の「ニルヴァーナ（涅槃）」という言葉があり、仏教ではこちらを用いることが多い。「吹き消された状態」という意味で、ロウソクの炎が完全に吹き消されて燃焼を停止した状態という意味であるという。つまり、すべての活動は停止して寂静に包まれた状態で、近年の学者はこのことを絶対零度（セ氏マイナス二七三・一五度）と比喩的な表現をしている。

各宗教では解脱を達成するためにさまざまな修行方法を探求してきたが、ヒンドゥー教では「ダルマ（真理、倫理）」「アルタ（財産、富、生計）」「カーマ（欲望、性愛、情熱）」が説かれ、これをサンスクリット語で「トリ・ヴァルガ」といい、人生の三大目的と定めている。

トリは「三」、ヴァルガは「組」という意味である。このトリ・ヴァルガを念頭に与えられた義務を果たすことによって解脱は達成されるという。トリ・ヴァルガにモークシャ（解脱）を加えて「プルシャ・アルタ」という。プルシャは「人間」、アルタは「目的」のことで「人生の四つの目的」という意味である。

トリ・ヴァルガのそれぞれには、古くから「シャーストラ」と呼ばれる複数の律法書が作られ、トリ・ヴァルガの意義や実践に関する詳細な規定が述べられている。

トリ・ヴァルガの中で中心的な存在が「ダルマ」である。サンスクリット語のダルマは「保つ」「担う」「支持する」という動詞の派生語で「保つもの」「担うもの」「支持するもの」を意味し、漢訳して「法」と訳される。ダルマの意味は多岐にわたるが、ヒンドゥーにとってのダルマは宇宙の摂理のようなもので、その摂理に従って行われるべき人間の規範、倫理、道徳と考えられる。

軽々に比較はできないが、日本には古くから「お天道様《てんとうさま》」という言葉がある。「天道」はもともと太陽が運行する道のことであるが、後に天理（宇宙の摂理）を表すようになった。お天道様は絶対的な規範であり、それに従順に生きることが人間の責務であると考えられ、本居宣長《もとおりのりなが》▼注1はそれを「神の道」と呼んだようである。

ヒンドゥーにとってのダルマ（義務）は多岐にわたるが、その中心となるのは定められた祭祀を忠実に実践することである。彼らは日々の礼拝やアグニホートラ、祖霊祭をはじめとするさまざまな祭祀を執行することで解脱を目指す。ただし、トリ・ヴァルガは主にバラモンを中心とする上層三階級を対象としたもので、入門式を経て再生することができないシュードラや不可触民は埒外に置かれており、彼らは未来永劫《えいごう》にわたって解脱することはできない過酷な状況に置かれている。ダルマについては多くのシャーストラが表されているが、その中心となるのは『マヌ法典』（一〇三ページを参照）である。

「アルタ」は「富」「権力」「名誉」などの意味で、一般には「実利」と訳される。アルタは人間の根元的な欲望に関わるもので、富や権力などの獲得はだれもが望むところである。この点はキリスト教が富の蓄積を非難してその再配分を強く主張したことや、ソクラテスやプラトンなどが富や権力、名誉を嫌った態度とは大いに異なる。ただし、ヒンドゥーにおける富の追求は後の資本主義的な野放図のものではない。それはあくまでもダルマの範囲内で行われなければならず、『マヌ法典』などで細々と規定されている。

「カーマ」は「欲望」「性愛」「愛」などと訳され、「アルタ」とともに人間の最も根元的な欲望で、ほとんどの宗教はそれを禁忌にしている。たとえば、釈迦は女性（異性）と同席したり話をすることを厳しく戒めている。また中国の『礼記《らいき》』にも、「男女七歳にして席を同じうせず」という言葉がある。このように厳しい態度で臨むのは、性愛（愛欲）が人間の本性に関わるもので、これを放置しておくと留まるところを知らないからである。

カーマについても数々のシャーストラが作られたが、四世紀には『カーマ・スートラ』が作られ、これがヒンドゥーにおけるカーマについての教則本になっている。『カーマ・スートラ』は単に性的な事象を描いた猥雑《わいざつ》な書として、とくに西欧ではいわゆる「風俗書」の類《たぐい》として興味本位の好事家に受け入れられた。

しかし、この書はあくまでもトリ・ヴァルガの一つとしてのカーマについて正しい知識を提供するとともに、適正な実践方法を示したものである。人間は性的欲求を無制限に放置しておくと、単なるデカダンスに陥る危険がある。そうなれば、男女関係、とりわけ夫婦関係は破局に陥る。『カーマ・スートラ』は主に夫婦間のカーマについて述べたもので、夫婦関係を円滑に行うための指南書でもあり、インド版性教育の教科書といった意味合いがある。

このようにみてくると、ヒンドゥーの最終目標はモークシャ（解脱）だが、モークシャが極めて象徴的・理想的であるのにたいして、その目的を達成するための手段としてのトリ・ヴァルガの内容は極めて現実的・実践的である。これはアーリア人がインドに侵入してきて以来、伝持してきたヴェーダの思想を根幹としながら、その征服の過程で原住のドラヴィダ系民族の習俗や思想に柔軟に対応してきた結果とみることができるだろう。

また、輪廻からの解脱は確かに最終的には崇高な目標で、バラモンをはじめとするごく限られた知識階級には理解できるだろう。しかし、ヒンドゥーの多くの人々にとっては、そのような崇高な理想は理解できない。だから圧倒的多数のヒンドゥーは、現状より良い生に「生まれ変わる」ことを目標に、トリ・ヴァルガの実践に励んでいると考えられている。

同様なことは、釈迦が解脱（涅槃）を目標にし、自らも解脱を果たしたが、多くの仏教徒にとってその目標はレベルが高過ぎたこととも共通する。その結果、大衆のために大乗仏教が起こり、阿弥陀如来《あみだにょらい》などの人格的で分かりやすい仏を誕生させて、その世界に「生まれ変わる」ことを目標に信仰を深めたのである。

注1　本居宣長（一七三〇〜一八〇一）　江戸時代の後半に活躍した国学者。『古事記』などの古典に日本人の原点を見出し、日本人が悠久の過去から歩んできたという道を「惟神の道《かむながら(の)みち》」「古道《こどう》」といい、それに従って生きていけば正しい人生を送り、幸せに生きることができるとした。

第三章　ヒンドゥー教の生活と儀礼

四住期

四住期《しじゅうき》とは人生を「学生期」「家住期」「林住期」「遊行期」の四つの時期に分け、それぞれの時期における生活の在り方や義務を定めたインド独特の人生プランである。この四住期はバラモン、クシャトリヤ、ヴァイシュヤの上層三階級の男性に定められたもので、奴隷階級のシュードラと女性には適用されない。その起源はヴェーダ時代に遡《さかのぼ》り、カースト制度とも密接に結びついて、今もインド社会の根底に深く根を下ろしている。

「学生期」は青少年期で、親の監督の下勉学に専念する時期である。この間に『ヴェーダ』を学習しインドの宗教、思想を深く理解することが求められる。「家住期」になると結婚して子どもを儲《もう》け、一家の長として家族を養う。家住期の最も重要な義務は祭式を行うことで、それによって一家の無事息災や幸福を祈るのである。「林住期」は文字通り静かな林間に隠棲《いんせい》すること、つまり、現役を退いて隠居の身になる時期である。しかし、林住期は単に悠々自適の隠居生活を送るのではない。これまで述べてきたように、悟りを目指してヨーガなどの修行に専念する時期である。最後の「遊行期」は、すべてのものを捨てて無一物となって聖地などを巡歴する時期である。

また、古来インドではダルマ（宗教的義務）、アルタ（財産）、カーマ（性愛）を三大目的と定め、これらを充足させることが人生の理想とされた。しかしその一方で、インドのほとんどすべての宗教は輪廻《りんね》からの解脱を究極の目標とする。

三大目的については普通の家庭生活を営みながら達成することができるだろう。インドに限らず、多くの国の人々の中には、この三つの目的を達成して幸せに暮らしている人も少なくないはずである。しかし、究極の目標である解脱については、普通の職業に就いて家庭生活を営む、いわゆる「在家」の生活をしていたのでは達成することができない。そこで、遊行期を設けることによって、出家と同じ状態にして解脱の達成を目指したのである。ちなみに釈迦《しやか》は学生期、家住期の後、林住期を経ることなく遊行期に入り、三五歳の時に見事に悟りを開き、最終目的を達成した。

カースト制度

紀元前一五〇〇年ごろに侵入してきたアーリア人は、ドラヴィダ系の原住民族を支配下に置いて優位に立った。そして、アーリア人の優位を決定づけたのがカースト制度であった。もともと「カースト」という言葉はポルトガル語で「血統」を意味する「カスタ」に由来し、これにラテン語で「純粋な血統」を意味する「カストゥス」という語が合したものである。一五世紀の大航海時代に、インドに進出したポルトガル人がインドの厳格な階級制度を見て名付けたのが起源で、その後、インドに進出したイギリス人などもカーストという言葉を用いた。

しかし、もともとこの階級制度はアーリア人たちが肌の色によって人間の優劣をつけたことにはじまったもので、元来は文字通り色を意味する「ヴァルナ」という言葉が用いられていた。そして、色白のアーリア人を最上位とし、色が黒くなるほど階級が下がるという制度をつくって支配体制を確立したのである。このことはアメリカの黒人差別とも共通するいわゆる「白人至上主義」の典型ともいえる。

また、階級を示す言葉に「ジャーティ」というものがある。これはもともと「生まれ」という意味で、生まれながらにして階級が決まっているという宿命論的なものである。日本国憲法第一四条に「門地」という言葉が見え、すべて国民は門地によって差別されることはないと謳《うた》われている。ジャーティはこの門地に近似しており、いわゆる「氏素性」「生まれ育ち」という意味と理解することができるだろう。

ヴァルナとジャーティに加えてさらに職業による階級分化がある。インドでは古くから生家の職業《なりわい》を何代にもわたって世襲する習慣がある。例えば農家に生まれた者は代々農業を生業とし、洗濯屋の家に生まれればクリーニング業を継承するのである。

一般にカースト制度というと「バラモン」「クシャトリヤ」「ヴァイシュヤ」「シュードラ」の四階級が知られており、高校の教科書にもこの四階級が紹介されている。

バラモンはヴェーダ聖典に基づいて祭式などを営む最上級のカースト。クシャトリヤは王族、武士階級。ヴァイシュヤは商工業者の階級。そしてシュードラは最下層の奴隷階級である。

この四階級はヴァルナに基づくものであるが、四階級の中でもジャーティによって無数の上下関係が生じることは言うまでもない。ここまでみてきて分かるように、インドのカースト制度は四階級ではとうてい収まらず、無限の広がりを見せているのである。

そして、これらの四階級のほかに、膨大な数の「アウトカースト」の存在がある。そしてその中にも階級分化があり、最下層にはいわゆる「アンタッチャブル（不可触民）」と呼ばれる人々がいる。しかも、この階層が代々世襲されるというやり切れない現実がある。

マハトマ・ガンジー

彼らは人の嫌がる雑役などにしか従事することができず、結婚や就学、寺院への立ち入りも制限されていた。かつて、インド独立運動の指導者マハトマ・ガンジーは彼らをヒンドゥー教の最高神ハリ（ヴィシュヌ）の子として「ハリジャン（ハリから生まれたもの）」と呼びその解放を訴えた。

インドでは独立後の一九四九年に、パキスタンでは一九五三年に、憲法で「不可触民」という用語の使用が禁止された。さらに、一九五五年にはインドで「不可触民違反法」が制定されて、彼らを差別したものは法律で罰せられることになった。しかし、伝統的な差別はほとんど改善されることなく、現在も約二億人の不可触民が極度の貧困に喘《あえ》ぎながら生き続けているという。

菜食主義

インドのレストランなどには、「ヴェジタリアン」向けと「ノンヴェジタリアン」向けの二つのメニューが用意されている。近年は欧米や日本でも健康志向からヴェジタリアンが増え、ヴェジタリアンメニューだけを提供するレストランも増えている。

しかし、インドのヴェジタリアンは欧米や日本のような健康志向に淵源《えんげん》するものではない。それは、古来インドで広く支持されているアヒンサー（不殺生、非暴力）の思想に基づく宗教的な慣習なのである。

洋の東西を問わず、古代社会では何か重要な祈願をするときに人を神に捧《ささ》げるいわゆる「人身供犠」が行われていた。よく知られている記紀神話に登場する八岐大蛇《やまたのおろち》退治は、この人身供犠をモチーフにした話である。須佐之男命《すさのおのみこと》が見初めた櫛稲田姫《くしいなだひめ》は、毎年山からやって来る八岐大蛇という大蛇に食べられることになっていた。この八岐大蛇は出雲《いずも》地方を流れる斐伊川《ひいかわ》を神格化したもので、洪水の被害をもたらすこの川の神（八岐大蛇）に人身を生贄《いけにえ》として捧げることで、神の怒りを鎮めようとしたのである。

時代が下ると、人間に代わって牛や馬などの動物が犠牲として捧げられるようになった。日本でも人間に代わって生きた馬を川に投げ込んで洪水を鎮めようとしていたが、さらに時代が下ると、木馬を投げ入れるようになった。そして時代と共に、木馬は板絵に代わって「絵馬」と呼ばれるものが捧げられるようになったのである。現代の絵馬は干支《えと》の動物が描かれることが多く、必ずしも馬の姿ばかりではないが、「絵馬」という言葉に生きた馬を犠牲にしていた時代の名残を窺《うかが》うことができる。

インドでは人身供犠は早くから姿を消したが、動物を犠牲とすることは長きにわたって行われており、ヴェーダや『マハーバーラタ』の中にも生贄のことが語られている。しかし、一方でいかなる動物も殺してはならないというアヒンサーの思想も古くからあり、すでに紀元前八世紀ごろに成立した『シャタパタ・ブラーフマナ』という書に「アヒンサー」という言葉が見えるという。

また、アヒンサーは「非暴力、不殺生」という意味で、人間を含むあらゆる生き物に暴力を加えないということである。マハトマ・ガンジーが非暴力を徹底してとなえ、遂にインドの独立を勝ち取ったことはよく知られている。このようなアヒンサーの思想は紀元前五世紀ごろに興った仏教やジャイナ教でとくに重要視され、戒律の中に「不殺生戒《ふせっしょうかい》」が定められて、信徒が厳守すべき必須《ひっす》の徳目として重視された。

とりわけ、ジャイナ教の不殺生は徹底している。彼らはジャガイモやショウガといった根菜類を一切口にしない。それは根菜類を収穫するときに誤って鍬《くわ》などで地中の虫を殺す可能性があるからだ。また、仏典の中にも修行者が道を行くときには足元をよく見て虫などを踏み潰《つぶ》さないように気を付け、マスクをして蚊などが口の中に飛び込まないようにし、さらには水を飲む時には布で濾《こ》してボウフラなどを避けるように説かれている。

このように、ヒンドゥー教徒の菜食主義はアヒンサーに基づくもので、健康志向やトレンドによる俄《にわ》かヴェジタリアンとは根本的に異なる。ヒンドゥーは代々ヴェジタリアンなのであり、当然のことながら一族すべてがヴェジタリアンなのである。

日本で家族の中の一人だけがヴェジタリアンの場合、一人だけ特別メニューを作らなければならない。また、友人同士で会食するときに一人だけ菜食を主張することも困難であり、そんなことを続ければ家族関係や友人関係も悪化するであろう。しかし、ヒンドゥーは家族全員がヴェジタリアンなので、外食先でもメニューが完備しており、社会生活に何ら支障を来たすことはない。

またインド人の中には、家族で一人だけマンゴーやパパイヤなどの果物しか食べない人もいる。インド人は三世代、四世代の十数人の家族が集まって食事をすることが多い。かつて筆者は知り合いのジャイナ教徒の家の食事に招待されたことがあるが、その家の長老の老婆が、大きな皿に山盛りにした果物を嬉《うれ》しそうに食べていたのが今も深く印象に残っている。

このようなアヒンサーの思想に基づいた不殺生の規定は、仏教を通じて日本にももたらされた。すでに聖徳太子《しょうとくたいし》の時代に、月に何回かの斎戒日を設けて殺生や肉魚を食すことを禁じ、さらには殺生禁断の地を設けて殺生を厳しく戒めた。そして、鎌倉《かまくら》時代に禅《ぜん》宗が伝えられると、肉魚を用いない精進料理が整備された。精進料理は肉魚そのものを食べないばかりか、出汁《だし》にも干し椎茸《しいたけ》や昆布を使い、生臭物を完全に排除するという念の入れようである。

このような野菜中心の料理はもともと肉魚、とりわけ獣肉を食べる習慣が余りなかった日本人の食習慣によくマッチしたもので、今も野菜の煮っころがしやガンモドキ、豆腐などは日常の食卓の常連になっている。ただ、仏教の不殺生戒は必ずしも肉魚を食べることを禁じたものではない。不殺生戒は非暴力に基づいて定められたもので、文字通り動物を虐《いじ》めたり殺したりしてはいけないという戒律である。

仏典にも、布施された（施された）ものは何でも残さずに喜んで食べなければならないと説かれている。ただ、その生き物を自ら殺し、あるいは自分のために殺されたことを見たり聞いたりしたときには食べてはいけない、と説かれているのである。今もタイなどの上座部《じょうざぶ》仏教の国では、修行期間が明けた日に、信徒の女性たちが御馳走《ごちそう》を作って修行僧に振舞う習慣がある。

振舞われる料理は肉や魚をふんだんに使ったものだが、修行僧たちはそれを残らず平らげなければならないことになっている。そして、それが修行僧たちの楽しみの一つにもなっている。

釈迦は亡くなる前、貧しい鍛冶《かじ》屋のチュンダという青年の招待を受けてスーカラマッタヴァというものを食べたという。これは豚肉、あるいはキノコと考えられており、釈迦は一目でこれを食べると食中毒にかかるから他の者は食べてはならぬと言ったという。そして、それを食べた釈迦は案の定、激しい下痢と嘔吐《おうと》に苦しみ三カ月後には亡くなった。つまり、施されたものは何でも喜んで食べなければならないという戒律の趣旨を守った結果、死に至ったということである。

恐らくチュンダは不可触民のような最下層のカーストだったと考えられるが、カーストを否定して平等主義を徹底した釈迦は、そのような階級の人の招きも喜んで受け入れたのである。スーカラマッタヴァについては、豚肉なのかキノコなのかはっきりしたことは分かっていない。しかし、もし豚肉だったとすれば、釈迦がそれを食べたということは極めて象徴的な出来事である。

今もインド人は宗教の如何《いかん》を問わず、豚肉は不浄であるとして決して口にしない。しかし、ニューデリーなどのスラムでは豚が放し飼いになっていて、ときどきそれを潰して食用にしており、スラムでは戸板のようなものの上に豚肉の大きな切り身が並んで売られている。しかも、それが腐ってもものすごい異臭を放っている。その光景を見て異臭を嗅《か》いだだけで死に至る食べ物であることが分かる。ただ、そこに住む人たちは代々それを食べていて免疫ができており、中毒を起こさないらしいのである。そのような危険極まりない食べ物をも喜んで口にしたことに、釈迦の徹底した平等の精神と限りない慈悲の心が感じられる。

聖牛崇拝

牛は古くから家畜として飼育され、農耕や運搬に加えて乳が得られるため、とりわけ古代オリエントやインド、中国などの農耕社会では貴重な動物と見なされた。時代と共に神聖視されるようになり、とくにインドでは神として敬われるようになった。『リグ・ヴェーダ』やインド最古の法典『マヌ法典』などにも牛が聖獣として記されており、最も価値のある財産とされているほか、祭式を執り行うバラモンの報酬として牛が供されたことが記されている。

一方で、そのような神聖な牛を生贄として神に捧げ、その肉を高位のバラモンや祭祀に参加した人々が分け合って食べるという習慣もあったようである。しかし、紀元前五世紀ごろを中心にアヒンサー（不殺生、非暴力）の観念が普及すると、動物供犠の風習が姿を消し、それに伴って牛を食することもなくなった。

またヒンドゥー教では、輪廻転生の過程で牛は人間に生まれ変わる一つ手前の段階とされ、牛を殺したものは八七段階ある輪廻転生の一番下からやり直さなければならないと規定された。さらに牛には三億三〇〇〇万の神々が宿るとされ、その牛に祈りを捧《ささ》げれば、二〇〇〇年以上にわたってニルヴァーナ（悟りの境地）に安住できるとされた。

今もインドでは牛が街中を悠々と闊歩《かっぽ》し、あるいは、道路の真ん中で悠然と蹲《うずくま》っている姿をしばしば見かける。そして、車は牛を轢《ひ》かないように細心の注意を払って走行しているのである。まさに、「そこのけ〳〵御牛が通る」といったところだ。

街中の牛は基本的に放し飼い状態で飼い主の姿は見えない。一〇年ほど前であろうか。政府が牛が街をうろついているのは衛生上も好ましくなく、さらには、途上国の姿を世界に曝《さら》け出しているようだということで、牛を一カ所に集めて管理しようという計画を打ち立てた。

街中を闊歩する牛

しかし、その計画が発表されると、どこからともなく飼い主が現れて大反対運動が起こった。飼い主たちは何者かに僅《わず》かな賃金を払って飼料を集めて世話をさせ、乳搾りなどもやらせているらしいのである。

かつてニューデリーの大きな邸宅の塀の上に、頭に刈り取った大きな草の束を乗せてしゃがみ込み、左右を見回して路上に飛び降りようとしている男の姿を見かけたことがある。この男は飼い主の依頼を受けて牛にエサをやりに行くところだったのだろう。強《したた》かなインド人の実像を垣間《かいま》見たような気がした。

一方、インドには約一億七〇〇〇万人のイスラム教徒がいる。彼らは豚肉は食べないが、牛肉は食べる。一六世紀にインドを支配したイスラム教のムガール帝国以来、宮廷を中心にさまざまな牛肉の料理が作られ、一般のムスリムにも普及し、牛肉の生産量と消費量は一気に増えたという。高級ホテルやレストランに行くとステーキをはじめ牛肉料理がメニューに載っており、国内産と輸入牛の別も明記してある。実はインドの牛肉生産量と輸出量は世界一といわれており、日本原産の黒毛和牛も飼育されており、日本に逆輸入されている。

また、ヒンドゥー教徒は基本的にヴェジタリアンだが、鶏や羊肉などを食べることもあり、上流階級を中心に牛肉を食べる人もいる。彼らは家族といっしょの時には決して肉類を口にしないが、ホテルやレストラン、さらには、外国に行くと好んでステーキなどを食べる。筆者の知り合いのヒンドゥー教徒も焼き鳥が大好物で、日本に来るたびに焼き鳥屋に連れて行けという。

ヒンドゥーは酒も飲まないが、こちらも家族といっしょの時だけ飲まないという緩やかな禁酒族も少なくないようで、ホテルのバーなどでは酩酊《めいてい》状態の富裕層のヒンドゥー教徒を見かけることもある。

河川崇拝と沐浴

命の源である川を神聖視する信仰は世界中に見られるが、とくにインドでは河川に対する顕著な信仰が見られる。インドの河川信仰の中心になるのはガンジス川で「母なる川ガンジス」と呼ばれて敬われている。古代、ガンジス川は天上を流れていると信じられていた。

流域にはベナレスはじめ数々の聖地があり、それぞれに「ガート」と呼ばれる沐浴《もくよく》場が整備されている。ヒンドゥー教徒にとってガートは聖地であり、ここで頭まで水に浸って身を清めるのが重要な宗教的儀礼となっている。

近隣に住む者は沐浴を日課にしているが、遠方から訪れて一世一代の沐浴を行うのも少なくない。とくに「クンブ・メーラ」(後述)のような大掛かりな祭のときには、インド全土から巡礼者が訪れて立錐《りっすい》の余地もないといった状態になる。また、ガートの傍らには火葬場があり、ここで荼毘《だび》に付された焼骨は川に流され、死者の魂は解脱を得ると信じられている。

沐浴は水で身体を清めるもので、水には穢《けが》れを落とす霊的な力があるとされ、ヒンドゥー教以外にもキリスト教や日本の神道など世界中の多くの宗教が採用している。これを浴びることで神と対面する資格が得られるとした。キリスト教の洗礼[注1]がよく知られており、かつてヨルダン川でイエス・キリストが聖ヨハネから洗礼を受け神の霊が天から降りてきたことを実感したという。

また神道では、聖水で心身を清めることを禊祓《みそぎはらえ》と呼んでいる。これも聖水によって神道で忌み嫌う罪汚れを振り払うもので、記紀の神話には黄泉《よみ》の国の穢れに染まった

ガンジス川　沐浴の光景

イザナキノミコトが日向《ひゅうが》（宮崎県・神話上の地名で特定の地ではないとする説もある）の阿波岐原《あわぎがはら》で禊祓を行ったのが始まりであるとされている。

後に社前に手水舎《ちょうずや》という施設が設けられ、口を漱《すす》ぎ手を洗う簡略な禊祓が行われるようになり、やがて寺院にも手水舎が設けられるようになった。ただし、仏教では水で清めることを「水垢離《みずごり》」と称し、神道の禊祓とは区別しているようである。水垢離はヒンドゥー教の沐浴に近く、行者が滝に打たれるのも水垢離である。また、温泉を湧出する地方では湯で清めるところもあり、こちらは「湯垢離」と呼ばれている。熊野本宮大社《くまのほんぐうたいしゃ》の奥にある湯《ゆ》の峰《みね》温泉には、古代から続く「つぼ湯」という小さな石をくり抜いた湯槽《ゆぶね》があり、熊野三山の湯垢離場として知られている。

注1　洗礼　プロテスタントでは洗礼をバプテスマといい、キリストはユダヤ教の預言者ヨハネから洗礼を受けたとされている。このヨハネは「バプテスマのヨハネ」と呼ばれ、後にキリストの最初の弟子となった使徒ヨハネとは別人である。

ヒンドゥー教の祭

インドは祭大国である。電話帳を二冊並べたような横長の分厚い暦があり、そこには日々行われている祭の詳細が紹介されている。「ホーリー」「ダシャラー」「ディワリー」が三大祭と呼ばれ、これに加えて「クンブ・メーラ」という一億人が参加するという最大の祭がある。

〈ホーリー、ダシャラー、ディワリー〉

「ホーリー」は毎年三月ごろに行われ、豊作祈願を中心に悪魔祓《ばら》い（厄除《やくよ》け）が祈願される。参加者は赤、青、黄色などの色水をかけ合い、全身カラフルな色に染まる。日本では春先に田んぼに入って泥をかけ合う「田遊び」という五穀豊穣《ほうじょう》を祈願する祭が行われるが、ホーリーはこれに相当するといえるだろう。ただし、その規模は田遊びとは比較にならないほど大きい。

「ダシャラー」は毎年一〇月に一〇日間にわたって行われる。『ラーマーヤナ』でラーマ王子が一〇日間の激戦の末に極悪非道の魔王ラーヴァナを倒したことに由来し、「ダシャ」はサンスクリット語（ヒンディー語）で「一〇」を表すことから一〇日間行われる。九夜にわたって三日ずつ不浄を払ってくれるドゥルガー女神、豊穣の女神ラクシュミー、知恵と豊穣の女神サラスヴァティー（弁才天《べんざいてん》）に祈りを捧げる。各地の三女神を象《かたど》った張りぼての巨大な偶像が立てられ、夜は町中がイルミネーションに輝き花火が打ち上げられる。一〇日目に三女神の像が焼かれて川に流され、祭は最高潮に達して終わる。女神像に悪魔（穢れ）を託して流すという趣旨で、日本の流しびなを大掛かりにした祭ということができる。

「ディワリー」はヒンドゥー暦の新年に当たり、毎年、太陽暦の一〇月から一一月に五日間にわたって行われる。豊穣の女神ラクシュミーを祀《まつ》る行事で、この期間、家々の戸口など至る所に素焼きの壺《つぼ》にバターを入れた灯火が灯《とも》されるため、この祭典は「光の祭典」とも呼ばれている。この祭も『ラーマーヤナ』でラーマ王子が魔王ラーヴァナに勝利して凱旋《がいせん》して来た折、灯火をもって王子を迎えたことに由来するといわれている。ディワリーの期間は会社などが休みになり、多くの人が帰省して家族と過ごす。また、プレゼントを贈り合う習慣があり、デパートなどはそれを買い求める客で賑《にぎ》わう。

〈一億人が参加するクンブ・メーラ〉

以上の三大祭はその名の通りインドを代表する大規模な祭であるが、それを凌《しの》ぐ「クンブ・メーラ」は毎回、一億人が参加するというインド最大というよりも世界最大の祭である。

三年ごとに「ハリドワール」「アラーハーバード」「ナーシク」「ウッジャイン」というヒンドゥー教の聖地で開催され、各聖地では一二年に一度開催されることになる。各聖地の人口はそれぞれ一〇〇万人余りだから、そのおよそ一〇〇倍もの人が雲集することになり、期間中は想像を絶する混雑ぶりとなる。

クンブはサンスクリット語で「水瓶《みずがめ》（壺）」、メーラは「祭」の意味で水瓶を祀るのがこの祭の趣旨である。『マハーバーラタ』や『ラーマーヤナ』の神話には、アムリタ（甘露）という不死の妙薬を得るために神々が乳海を攪拌《かくはん》したという話がある。そして、甘露を水瓶に入れて運んでいるときにその滴が落ちた場所がクンブ・メーラが行われる四聖地であるという。

各聖地にはガンジス川などの聖川が流れており、そこでインド各地から集まった人々が一斉に沐浴をする。クンブ・メーラは四八日間にわたって行われ、その期間中毎日三〇〇〇万人から五〇〇〇〇万人、延べ人数にすれば何十億人、全世界の人口（二〇二〇年七八億人）をはるかに超えるような数のヒンドゥーが沐浴をする。ちなみに、二〇二一年にはこの祭が最大のコロナ感染源となったといわれている。

世界各地には規模の大きな祭があり、日本でも京都の祇園祭《ぎおんまつり》や東京浅草《あさくさ》の三社祭《さんじゃまつり》など何十万人規模の祭は行われている。しかし、これらの祭は京都市内や浅草界隈《かいわい》に地域が限定されており、日本全国から人々が集まって来るということはない。一方でインドの大祭は、インド全土から参加者が殺到する国を挙げての大祭である。これも祭大国インドならではの現象といえるだろう。

〈アシュヴァメーダ（馬祀祭）〉

古代インドの王族が行っていた大規模な祭である。選ばれた駿馬《しゅんめ》を一年間自由に放ち、王自ら大軍を率いて馬の後を追う。そうすると必然的に他国や他部族の領地に侵入して争いとなるが、戦いを制すれば馬を追って来た王の領地となる。そして一年間、勝ち続ければ王は広大な領地を手に入れて祭は終わるのである。祭の最後には駿馬を生贄として捧げ、関係者がその肉を食べて駿馬の霊力を体内に引き入れる。

すでに『リグ・ヴェーダ』などには、アシュヴァメーダに関する詳細な祭式規定が記されており、『マハーバーラタ』にもこれに関する記述がある。また、インド最初の統一国家マウリヤ王朝を滅ぼしてシュンガ王朝を建国したプシャミトラ王（紀元前一八〇年ごろ～紀元前一四四年ごろ在位）や、紀元七世紀にパッラヴァ王朝を打ち立てたマヘーンドラバルマン一世（在位六〇〇年～六二五年）がアシュヴァメーダを執行した記録が残っている。

しかし、この祭には莫大《ばくだい》な費用がかかり、戦闘による犠牲も大きいことから、七世紀以降は行われなくなった。

〈護摩の起源アグニホートラ〉

日本民俗学の父・柳田国男《やなぎたくにお》は著書『日本の祭』の中で、「祭」と「祭礼」を区別し、「祭」はいわば小さな祭であり、「祭礼」が見物人が行列するような規模の大きな祭であると言っている。例えば葬儀や年忌法要、正月など家族単位で静かに行うのも「まつり」なら、京都の祇園祭や浅草の三社祭のような大勢の人々が参加するのも同じ「まつり」であるという。この説に従えば、インドの三大祭やクンブメーラなどは「祭礼」であり、また家族を中心とする小さな「祭」がインドでも日本と同じようにたくさん行われているのである。

小さな「祭」の中でも毎日、日の出と日没のときに行われているのが「アグニホートラ」である。アグニは「火の神」のことで、火を灯すことによってこの神を勧請《かんじょう》し、乳などの供物を捧げて無事息災などを祈願する。火に対する信仰は世界各地に見られ、日本でも盂蘭盆会《うらぼんえ》の迎え火や送り火、熊野の火祭りや護摩供養など、火を祈願の対象とする数々の儀礼が今も行われている。

また、アグニホートラでは乾燥した牛糞にギー（八三ページ注を参照）を塗って火をつけ、火中に穀物や乳などを投げ入れる。穀物や乳はアグニに捧げられる供物である。また、火のことをサンスクリット語で「ホーマ」といい、音写（サンスクリット語の音を漢字の発音で写すこと）して「護摩」と訳される。アグニホートラは密教の護摩の起源と考えられているのである。

〈祖霊祭〉

家庭で行われる小さな祭としては、「祖霊祭」と呼ばれる先祖供養も重要な儀礼である。ヒンドゥー教の信仰の最小基盤は同じ食卓を囲むもの、つまり家族や親族である。その家族や親族が集まり亡くなったものを供養するのが祖霊祭である。祖霊に供物を供え、マントラなどをとなえて輪廻からの解脱を祈る。この祖霊祭を行うことによって、生きているものの無病息災や繁栄などが得られると信じられている。

祖霊祭や葬儀のときには「ピンダ」という団子を供える（二二一～二二二ページを参照）。ピンダを供えることによって亡き人の霊や祖霊は、理想の場所（悟りの境地）に達すると考えられている。

日本でも通夜や葬儀に団子を供える慣習が今も残っており、月見に団子を供える風習は現在も健在である。これら日本の風習とインドのピンダとの関係は不明である。しかし、インドでは死者が月に至って留《とど》まるという信仰があり、葬送儀礼と月見団子の関連には興味をそそるものがある。

また、日本各地に聖天歓喜天《しょうてんかんぎてん》という神が祀《まつ》られ、「聖天さま」と呼ばれて今も信仰されている。この神はれっきとしたインドの神でガネーシャと呼ばれ、ヒンドゥー教最高神シヴァを父に持ち、母はシヴァの妃《きさき》のパールヴァティーとされている。古代インドではさまざまな障害を取り除いて財福をもたらす神として信仰され、さらには学問の神として今も信仰されている。インドで刊行される本の奥付（洋書の奥付は書籍の最初の見開き部分にある）には、象面人身（頭が象で身体は人間）のガネーシャのイラストが描かれ、「この本はガネーシャに捧げる」といった文言が書かれている。

このガネーシャが後に仏教に取り入れられて「歓喜天」（聖天）となった。日本で見られる仏教の歓喜天像は象面人身の二体の像が抱き合う姿のもので、その姿から性的なものが連想された。そして、とりわけ江戸時代には遊郭の近くに「聖天さま」が祀られるようになった。浅草の北側の隅田川《すみだがわ》沿いには「待乳山聖天《まつちやましょうてん》」という聖天さまがある。その場所は吉原《よしわら》に隣接しており、江戸時代に日本橋人形町《にほんばしにんぎょうちょう》あたりから吉原が移設されたときに創建されたのである。

毎月一度、聖天の縁日があり、その日には浴油《よくゆ》といって香を焚《た》き込んだ油を聖天（歓喜天）の像に灌《そそ》ぎ、「歓喜団」という団子を供える。この歓喜団はヒンドゥー教のピンダの影響を受けたものと考えられている。その製法はさまざまであるが、米の粉で作った餅《もち》で餡《あん》を包んで揚げたものなどがあり、京都の老舗《しにせ》菓子店ではこの製法で作ったものを清浄歓喜団と称して通年販売している。

また、ヒンドゥーの祭祀《さいし》では神像に油を注ぐことが慣例となっており、聖天の浴油もそこに起源を求めることができるのかもしれない。さらに聖天は大根が好物で、供物として大根が供えられるほか、絵馬や建物の各所に日本の大根を交差させたシンボルマークが見られる。大根には整腸作用などの薬効があり、それが聖天の功徳とされている。そして、供物のお下がりを食べることで、その功徳を体内に導くことができるとされているのである。余り知られていないが、インドは大根の一大産地で、日本の大根より小さめの大根が各地で栽培されている。

通過儀礼

ある年齢に達したときに一定の試練を与えたり、儀式を行うことによって人生の新たな段階に進む登竜門としての通過儀礼（イニシエーション）は、世界中の民族に見られる。日本でも七五三や元服（成人式）、そして、還暦や古希などの通過儀礼が今も行われている。

このような通過儀礼、とくに元服は一人前の大人として共同体（社会）の一員になることを意味するもので、古くは村落共同体（ムラ）の若者組（青年団）への加入を意味していた。通過儀礼を経ることによって人生の新たなステージに入り、そこでの責任や義務を課せられることになる。その意味で、通過儀礼は共同体を維持するために重要な役割を果たしてきたのである。

ヒンドゥーはとくに家族を最小単位とする共同体単位の信仰である。ヒンドゥーの通過儀礼の中で最も重要なものが「ウパナヤナ」と呼ばれる「入門式」である。通常、バラモンの子弟は八歳、クシャトリヤの子弟は一一歳、ヴァイシュヤの子弟は一二歳になると、親元を離れてグル（師）の下に住み込んでヴェーダの学習に専念する。

インドではヴェーダの知識を獲得することによって、解脱が達成できると考えられている。「解脱」つまり輪廻転生の連鎖から解き放たれることはインドのすべての宗教、哲学の究極の目標である。そして、ウパナヤナを経ることで解脱への道が確保されるのである。

ただし、ウパナヤナはバラモン、クシャトリヤ、ヴァイシュヤの上層三階級にのみ許されており、第四階級のシュードラやさらに下の不可触民にはウパナヤナを受ける資格はない。そして、上層三階級はウパナヤナによって新たな生を受ける、つまり、生まれ変わることから「再生族」と呼ばれ、ヴェーダを習得することで解脱を果たすことができる。しかし、再生することのないシュードラたちは、未来永劫《えいごう》にわたっておなじシュードラに生まれ変わることになるのである。

葬送儀礼

ヒンドゥーの葬儀は、死者が無事黄泉の国（冥界《めいかい》、死後の世界）に入り、そこで幸せに暮らしていくことを願う行事である。死後の世界では、生きているときと同じように食べ物や飲み物が不可欠だが、それを定期的に供えるのが生きている子孫の大切な義務である。供物はピンダと水で、「タルパナ（祖霊を満足させるもの・滋養物）」と呼ばれる。

葬儀の後、一年を経ると二週間ごとに、また結婚や誕生、臨時の祈願の祭に必ずピンダを供えなければならない。これは日本の祥月命日に相当し、今も地方ではその日に僧侶《そうりょ》を呼んで経を上げてもらい、仏飯（仏に供する食事）を供える風習がある。

先にも述べたように、ピンダを供えるのは家長である男性の最も重要な役割である。このことから、ヒンドゥーにとって男子の子孫を持つことが至上命令となる。つまり、ピンダの供養が途絶えることは家系の断絶を意味するのである。

　このことは日本でも近世以降、とくに江戸時代以降の檀家《だんか》制度の下では、葬儀の喪主になるのは家督を継ぐ長子であり、長子が年忌法要などを恙無《つつがな》く行うことが家を存続させることと考えられていたのと共通する。ただし日本の場合、鎌倉時代ごろまでは女子も男子と平等に家督を相続しており、男子の誕生は必ずしも必須事項ではなかった。

　繰り返しになるが、ヒンドゥーの究極の目的は輪廻からの解脱を果たすこと、つまり悟りの境地に至ることである。しかし実際には、解脱は高度な知識を身につけたごく一握りのバラモンの目指す理想で、一般民衆にはそういった高尚な観念はなかった。彼らはあくまでも死者が生きていた自分とは異なる世界で幸せに生き続けることを望んだのである。そして、そうすることは生きているものの死後の世界に対する憧《あこが》れでもあったのである。

　死後の世界で生きているときと同じように、あるいはそれ以上に幸せに暮らすことを望むのは、何もヒンドゥーに限ったことではなく、人類共通の願いである。仏教でも釈迦《しゃか》は解脱して永遠に平安の世界に存在し続けることを教え勧めたが、一般民衆にとってそういった高度で抽象的な理想はとうてい理解できなかった。

　日本でも平安《へいあん》時代の中ごろから、▼注1阿弥陀《あみだ》の極楽往生が説かれて圧倒的な支持を集めた。極楽浄土は悟りの世界を画像などを交えてより具体的に示したもので、そこに往生する（到達する）ことは娑婆《しゃば》世界▼注2からの決別を意味する。つまり極楽浄土は、大乗仏教において釈迦が説いた悟りの世界を一般の在家の信者向けに説いたものだった。

しかし、一般民衆は娑婆世界と決別することができず、娑婆世界の延長線上のより良い世界としかとらえなかった。「出世観音」や「出世地蔵」という仏像が各地に祀られているが、この出世の「世」は娑婆世界のことである。つまり、苦しみや悩みに満ちた娑婆世界と決別した仏という意味で、一般民衆はこれを世俗的にしかとらえることができず、それらの仏像にひたすら出世栄達を祈願したのである。

また、葬儀から最初の祖霊祭が行われるまでの間、死者の霊は不安定で時として亡霊となって彷徨《さまよ》うという亡霊信仰がある。仏教でいう「中有《ちゅうう》」あるいは「中陰《ちゅういん》」と呼ばれるもので、仏教ではその期間は四十九日とされ、この期間を満たすといわゆる「満中陰」の法要、つまり、「四十九日」の法要が営まれ、これをもって亡き人は仏の世界に入るとされている。

ただしヒンドゥー教では、「四十九日」の法要に当たる最初の祖霊祭を済ませても、亡霊として徘徊《はいかい》する霊があると信じられており、その霊を鎮めるための臨時の儀礼（法要）も行われる。いつまでも彷徨う霊は早逝したり、この世に恨みや未練を残して死んだ者の霊と考えられる。日本でもそのような「まつろわぬ霊」が存在し、それがいわゆる「魑魅魍魎《ちみもうりょう》」と呼ばれて恐れられている。

日本には仏教が伝来する以前からこのような霊魂観が存在していたようで、その原初的な段階ではヒンドゥー教の霊魂観が影響したとは考えにくい。しかし、仏教を介してヒンドゥー教の霊魂観が流入し、整えられていったことは十分に考えられる。少なくとも中有や中陰の思想は、ヒンドゥー教に由来すると見て差し支えないのではないだろうか。

ここまでみてきて分かるように、日本の神道[注3]の思想や慣習は、ヒンドゥー教のそれと多くの共通点がある。そして、ヒンドゥー教は仏教やジャイナ教、キリスト教やイスラム教に加えて民間信仰やインド各地で個別に存在する民族宗教を統合したもので、「○○教」という枠ではとうていとらえることはできない。そこにヒンドゥー教が「インド教」といわれる所以《ゆえん》がある。その意味で日本の宗教もいわゆる神道、仏教、道教、それに民間信仰などを融合したもので、「日本教」という名がより正確にその実態をとらえているということができるだろう。

ところで、家庭的な祭祀はわざわざバラモンの祭官を呼ぶ必要はないが、葬儀の場合はプロの祭官に来てもらわなければならない。このとき受け取る報酬は祭官の重要な収入源になっている。また、葬儀の後は日本の「お斎《とき》」[注4]に相当する食事が振舞われる。バラモンの中には貧しいものも少なくなく、葬儀のときにだけまともな食事にあり付くものも多かったようだ。バラモンたちはこの時とばかり大食し動けなくなるものもいたという。そのような話が物語の中にも残っており、バラモンの大食いは人々の顰蹙《ひんしゅく》を買っていたようである。

注1　画像　七世紀に中国で浄土《じょうど》教を組織体系化した善導《ぜんどう》（六一三〜六八一）は「浄土三部経」に説かれている極楽浄土の光景を描いた「浄土変相図」を考案し、また、阿弥陀如来が大勢の菩薩《ぼさつ》を引き連れて臨終を迎えた人を迎えに来る光景を描いた「阿弥陀来迎図」を作って布教のツールとした。これらの画像は奈良時代に日本にも伝えられ、多くの画像が残されている。

注2　娑婆世界　「娑婆」はサンスクリット語の「サハー」の音写語（サンスクリット語の発音を中国語の発音で写したもの）で、現にわれわれが生きている苦しみと穢れに満ちた世界のことである。一方、仏の世界は苦しみも穢れもない清浄な世界で、そこを「浄土」と呼ぶ。

注3　神道　本文では便宜的に「神道」という言葉を使ったが、この「神道」なるものと日本古来の神々に対する信仰とは似て非なるものである。近年は「神道」という言葉が軽々に使われ、「神道」こそ日本民族の心の故郷であるといったことを平然と述べる向きも少なくない。しかし、ドグマなき宗教といわれるように、日本古来の信仰には仏教の教典やキリスト教の聖書に相当する教典や教義といったものが存在しない。一方、いわゆる「神

道」といわれるものは、伊勢《いせ》神道や吉田《よしだ》神道のように教典と思《おぼ》しき義疏《ぎそ》を捏造《ねつぞう》し、一定の教義を示したものである。つまり、「神道」とは伊勢神宮などが自社の正統性を誇示するために企画された政治的色彩の強いもので、明治維新以降の国家神道がその最たるものである。いわゆる「神道」の中に日本民族の心のルーツはないのであって、心のルーツは各地の山村や農村の神社などで行われている素朴な信仰の中にある。その宗教に敢《あ》えて名称を与えるとすれば「神社を中心とする日本古来の神々に対する素朴な信仰」ということになるだろう。

注4　お斎　通夜や葬儀、法要の後に参列者に振舞われる料理。かつては精進料理が原則だったが、近年では肉魚、さらには洋食や中華のお斎もあり、酒も振舞われる。日本では祭のとき神饌《しんせん》（神に供える飲食物）を氏子たちが神と共にいただく「直会《なおらい》」から発展したようであるが、仏教の儀礼でも盛んに行われるようになった。「斎」は決められた正しい時期に食べる「斎食《さいじき》」の意味で、正午が「正時」とされた。もともと、精進潔斎して心身を極める「斎戒」の期間の食事の意味である。

結婚式

入門式（ウパナヤナ）や葬儀とともに、結婚は人生で最大のイベントの一つである。とくに、四住期の中の家住期に課せられた絶対的な義務である。もちろん、家長となる男子を儲ける意味でも重要であり、日本でもかつては家を存続させるために重要な意味を持っていた。

インドで結婚に際して重要視されるのが占星術である。結婚しようとする二人がどの星の下で生まれたかによって相性が決まる。占星術による相性は絶対的なもので、いくら二人が相思相愛でも、星の相性が悪ければその結婚は成立しない。花婿と花嫁の間には「凶」「吉」「大吉」といった相性があり、相性が「凶」と出たカップルの結婚は不可能である。

また、すべての人間は誕生日によって神々か人間、悪魔のいずれかの系列に入ることが決まっている。系列を同じくするもの同士の結婚は吉とされるが、違う系列の結婚は凶で実現不可能とされた。

もう一つ、結婚を左右する重要な問題はカーストである。基本的には同じカースト同士の結婚が求められる。ただし、同じカースト内でもいわゆる「家柄」や貧富の差などがあり、釣り合いの取れない結婚は避けられる。かつては日本でも本人同士よりも家同士のバランスが重視されたことと同じであり、このような因習的な観念は世界中で見られることである。

また、インドでは上位のカーストの男性が下位のカーストの女性と結婚することは許されていたが、その逆はタブーとされていた。このことから、バラモン階級の男性は下位の三カーストから花嫁を迎えることができた。これにはかつての日本の皇族や武家の側室制度のように、跡継ぎの男子を儲けるためという目的もあるようだ。

このような諸事情から、インドでは今でも見合い結婚が八〇パーセント余りを占め、さまざまな障害があって恋愛結婚はなかなか成立しないのが実情である。

さらに、結婚の日時についても占星術による細かい規定がある。これについては地域によって異なり、バラモンの司祭が予《あらかじ》め日取りを決めて、それ以外の日に結婚式を挙げることはタブーとされている。そして、結婚式は日中は行われず、日没から日の出までの間に行わなければならない。

またとくに富裕層の間では、新婦の側から新郎の側に「ダヘーズ」と呼ばれる巨額の持参金がもたらされる。どの民族にも持参金の制度はあるが、インドの場合はとくに額が大きく、ヒンドゥーばかりでなくムスリムの間にも広がって社会問題にもなり、一九六一年にはダヘーズ禁止法まで制定された。

インドの結婚式は派手で、持参金以外にも巨額の費用が掛かる。式に続いて披露宴があり、ときには数百人にも及ぶ大勢の客が招待され、数日間にわたって宴《うたげ》が続くことも珍しくない。このようなことから、インドの結婚産業の規模は日本円にして約二兆五〇〇〇億円に上るというから驚きである。

バクティ・神への絶対的な信頼

バクティは「信愛」と訳され、シヴァ神やヴィシュヌ神に絶対的に帰依することであるという。ヒンドゥー教の前身であるバラモン教ではヴェーダ聖典の習得による知識の獲得が至上命令とされ、知識偏重の傾向が強まった。一方、『マハーバーラタ』の一章である『バガヴァッド・ギーター』では三つのヨーガが提唱され、ここにバクティが大きくクローズアップされてくるのである。バクティは神への無上の愛と献身で、それは少女が少年に抱く恋心にも譬《たと》えられる。

バクティはいわばエリート集団の宗教だったバラモン教が民衆の宗教となる過程で現れてきたもので、ここに知識の宗教としてのバラモン教は信仰の宗教としてのヒンドゥー教へと大きく舵《かじ》を切ったのである。換言すれば、バクティはエリート集団の思想へのアンチテーゼと捉えることもできるだろう。

バクティは非アーリア系の人たちの信仰で、バラモンを中心とする正統ヒンドゥー教とは一線を画するものだった。しかし、アーリア人たちが教線を広げていく過程で、この信仰も取り入れざるを得なかったのである。

ヴェーダを根本聖典とする正統派はブラフマーなどの抽象的で理知的な神格を崇拝の対象とし、それとの合一を説いた。しかし、ヒンドゥー教の時代になると、より人格的で親しみやすいシヴァ神やヴィシュヌ神、あるいはその化身（アヴァターラ）としてのクリシュナ神に信仰の対象が移っていった。

そして、『バガヴァッド・ギーター』でアルジュナにダルマを説くクリシュナはヴィシュヌ神の化身とされ、『ラーマーヤナ』の主人公ラーマ王子もヴィシュヌ神の化身とされている。二大叙事詩の普及によってクリシュナが熱狂的な信仰を獲得すると、クリシュナを通じてヴィシュヌ神へバクティが捧げられるようになるのである。

このようなバクティ信仰の起爆剤となったのが、七世紀ごろに南インドに現れた「アールワール」と呼ばれる宗教詩人たちだった。彼らのほとんどはシュードラなど低い階層の人々で女性も少なくない。ヴェーダ聖典の閲覧や朗詠を聞くことすら禁じられた彼らにとって、知識のヨーガの実践は不可能である。それと同時に厳しい労働に喘ぎ貧困を強いられている彼らには、行為のヨーガの中核をなす祭式の執行も困難である。彼らに残された唯一の道は、バクティのヨーガだったのである。アールヴァールたちはヴィシュヌやクリシュナを讃《たた》える自作の詩を読んで、愛と献身を捧げたのである。

彼らはヴィシュヌ神などの神像の礼拝、祭式や聖地巡礼、断食や戒律の遵守すら否定し、ひたすら心を清めて、神々に対する純粋な愛が宿ることを願う。また、この世で迷い苦しむ最大の原因は欲望（煩悩）であるとの強い認識の上に立ち、自力では断ち切ることのできない煩悩の撲滅を神に祈するのである。

このような神への讃歌《さんか》（詩）には、仏教の影響も多分に見られ、彼らは神に徹底して身を委《ゆだ》ねてその恩寵《おんちょう》によって救いを求める。同じ思潮は後に大乗仏教で主流となり、浄土真宗《じょうどしん》開祖・親鸞《しんらん》の唱えた「絶対他力」の信仰にも見られるのである。

親鸞は『歎異抄《たんにしょう》』▼注1の中で「善人なおもて往生をとぐ。いわんや悪人をや」と説いたと伝えられている。ここで「善人」とは行いも正しく、物心ともに豊かな生活を送っている人であろう。一方、「悪人」とは厳しい労働に喘ぎ貧困のうちに生涯を送っている人である。親鸞は他の書の中で、よく「辺境の群類」という言葉を使っているが、これは都から離れた辺鄙《へんぴ》なところに住む知識も富も持ち合わせず、救済の手も差し伸べられない人々のことだ。そういった人々が余すところなく救われない限り、すべての人を漏れなく救うという阿弥陀如来の本願は達せられないというのである。バクティの信仰に目覚めたのは、正に親鸞のいう「悪人」や「辺境の群類」に当たる人々だった。

また、親鸞は主著の『教行信証《きょうぎょうしんしょう》』の中で、「教」（阿弥陀如来の教え）に従って「行」（念仏をとなえること）を実践することにより「証」（悟りの境地、極楽往生）が達成されるが、それには先《ま》ず、「信」、すなわち阿弥陀如来の救済の力を信ずることが重要であると説いている。

そして何よりも重要なのが、「信」で、信じることができさえすれば往生は決定するという。しかし、信じるという行為にも自力の要素が含まれている。これに対して親鸞は「信」は人間の側の行為ではなく阿弥陀如来の行為であるという。つまり、小賢《こざか》しい人間が信じようと信じまいと、遠い昔に阿弥陀如来が極楽浄土を建設して救済のシステムを完成したときに、すべての人間が「信」を持つことが決定しているのだと主張した。これが親鸞の絶対他力の思想である。バクティもこれと近似した絶対他力の信仰である。

江戸時代、浄土真宗に妙好人《みょうこうにん》という熱狂的な信仰者たちがいた。彼らは貧しい生活の中で阿弥陀如来に深く帰依し、喜びと感謝の念を抱きながら念仏三昧《ざんまい》の生涯を送った人々である。幕末から昭和のはじめにかけて生存した石見国《いわみのくに》（現在の島根県）の才市《さいち》という妙好人は、船大工で生計を立てていたが、仕事の合間に鉋屑《かんなくず》に七〇〇〇にも及ぶ信仰を吐露する詩を書き、八三歳の生涯を閉じた。このような妙好人はまさに日本のアールヴァールということができる。

バクティはバラモンの正統であるウパニシャッドの哲学者にとって受け入れがたいものだった。しかし、一二世紀に活躍したウパニシャッドの哲人ラーマーヌジャ▼注2は、解脱はバクティによって達成されると説き、庶民信仰であるバクティを正統化した。そして、彼がバクティを哲学的に裏付けたことは、後のバクティ運動に大きな影響を与えたのである。

注1 『歎異抄』 親鸞の弟子の唯円《ゆいえん》が師の説が曲解されて異説（異）が流布することを歎《なげ》いて（歎）直伝の教えを記した書。「善人なおもて……」の他にもパラドクシカルな言説が多いことで知られている。

注2 ラーマーヌジャ（一〇一七〜一一三七） 七世紀に活躍したシャンカラがとなえた宇宙の根本原理としてのブラフマンと個人の中核としてのアートマンは同一であるという「不二一元論」に修正を加え、さらにバクティを正統化したことで革命児的存在として、後のヒンドゥー教哲学に多大な影響を与えた。

ヒンドゥー教の美術

東西を問わず美術や音楽、文芸の原点は宗教に求めることができる。偶像否定のキリスト教やイスラム教に比べて、偶像を全面的に肯定したヒンドゥー教では、礼拝の対象としての彫刻や絵画などが多様な発展を遂げた。とりわけ、四世紀ごろに『マハーバーラタ』や『ラーマーヤナ』が普及しはじめると、シヴァ神やヴィシュヌ神、クリシュナなどの神々は、より人格的な性質をそなえるようになった。

ブラフマーやシヴァ、ヴィシュヌなどの像は早くから造られていたが、時代が下るとさまざまなヴァリエーションが登場した。とくに、ヴィシュヌ神のアヴァターラ

（変化神）に対する信仰はより多様で、複雑な神像を造り出すことになった。

いっぽう、紀元一世紀の半ばにはインド北西部のガンダーラ（現在はパキスタン領）で最初の仏像が造られ、その約一〇〇年後にはインド中部のマトゥラーでも仏像が造られるようになった。これらの地方では仏像誕生以前の偶像否定時代から、釈迦の墓であるストゥーパ（仏塔）の側面に釈迦の一代記や前世物語をモチーフにしたレリーフが刻まれるようになった。

そのレリーフの中には、梵天《ぼんてん》（ブラフマー）や帝釈天《たいしゃくてん》（インドラ）、吉祥天《きちじょうてん》（ラクシュミー）などのインドの神話に登場する神々もしばしば顔を見せている。また、ヴィシュヌ神をはじめ、ヒンドゥー教の神像には、頭や手がたくさんある多面多臂像《たひ》が古くから造られていた。これらの影響のもとに、仏教の十一面観音や千手観音《せんじゅ》が造られるようになったのである。ヒンドゥー教と仏教は教義の面でも、造形の面でも互いに影響し合いながら発展してきたのである。

また、初期の仏像は釈迦が菩提樹《ぼだいじゅ》の下で瞑想《めいそう》している姿を捉えたものである。釈迦は静かに瞑想することによって解脱（悟り）を成し遂げた。だから、仏教の根本的姿勢は極力活動を抑え、静かに瞑想することによって内面に蓄えられたエネルギーを悟りの境地にまで高めようとする。したがって、仏像はそのエネルギーを外に表出することはなく、あくまでも静的な姿勢を保たなければならない。如来像などに基本的に動きが見られないのは以上のような理由による。

一方、ヒンドゥー教の神は世界（宇宙）を創造し、維持し、破壊する神である。この三つの過程はそれぞれブラフマー、ヴィシュヌ、シヴァが担当し、極めて長い期間をかけて達成される。そして、破壊された世界は再び創造され、維持され、破壊されるというプロセスを未来永劫にわたって繰り返す。このような大事業に関わる神は、持てる力を最大限に発揮して常に忙しく立ち働かなければならない。ヒンドゥー教の神像が躍動的なのは、このようなヒンドゥー教の思想に由来するものと考えられる。そして、このヒンドゥー教の神像の動的な特徴は後には仏像にも影響を与えるようになったのである。

たとえば、日本で見られる釈迦三尊像などの三尊形式の像では、中尊は結跏趺坐《けっかふざ》（坐禅《ざぜん》のときの坐法《ざほう》）して静かに瞑想する姿に造られるが、脇侍《きょうじ》の菩薩は首を傾げたり腰を少し捻《ひね》り、さらには片方の膝《ひざ》を僅かに突き出して歩く様子を表しており、ここにもヒンドゥー教の影響が見られる。

また、ヒンドゥー教の神像の中には、頭部と上半身、下半身をそれぞれ異なる方向に傾けたものがよく見られる。これは「トリバンガ（三曲法）」と呼ばれ、ヒンドゥー教の神像に見られる特徴である。これが仏像にも取り入れられ、たとえば、奈良の薬師寺《やくしじ》の薬師三尊像の脇侍の日光《にっこう》菩薩と月光《がっこう》菩薩にはトリバンガが見られる。

さらに仏教の天部（神々）の像でも、ヒンドゥー教の神像との共通点がよく見られる。四天王《してんのう》像や薬師如来の眷属《けんぞく》の十二神将《じゅうにしんしょう》、密教の明王《みょうおう》像などは片足を振り上げ、手を高く掲げた全身で躍動感を表した像が見られる。これらは影響を受けたというよりも、とくに密教の明王像などは躍動的なヒンドゥー教の神像がそのまま仏教の尊像になったといっても良いだろう。

もう一つ、ヒンドゥー教の神像の最大の特徴を表すものにミトゥナ像がある。ミトゥナとはサンスクリット語で「男女一対」「男女一体」という意味で、男女が寄り添い、あるいは抱擁する姿で表されたものがミトゥナ像である。もともと、シヴァ神とその妃であるパールバティーの二神が合体したものをミトゥナといい、ヒンドゥー教寺院や遺跡でしばしば目にする。

ヒンドゥー教ではダルマ、アルタ、カーマを人生の三大目標（トリバルガ）とし、その実践によって解脱が達成されるといわれている。このうち、カーマは愛欲で、男女間の性的欲望を満たすことである。カーマに関する根本聖典である『カーマ・スートラ』にはさまざまな性的な秘儀が述べられているが、それを造形的に表したものがミトゥナ像をはじめとする彫塑像である。

ヒンドゥー教の寺院にはエロティックな像が壁面などに所狭しと刻まれているが、それは春画やアダルトビデオのように性的な欲求を疑似的に満たすものではない。インドでは性的なエクスタシーを悟りの境地と同一視する観念が宗教を問わず広がっているが、人生の三大目的の一つであるカーマを達成するためには、性的エクスタシーを最高点に持っていかなければならない。それが最高点に達したときに神との合一、すなわち解脱（悟り）が達成されるのである。

したがって、これらのエロティックな像は肉体の感覚的な喜びが、純粋に精神的な喜びに変わり、そのことによってすべての束縛から解放されることを表現したものということができる。

また、一六世紀にはイスラム教のムガール帝国でペルシャに起源を持つミニアチュール（細密画）が数多く描かれるようになった。ムガール帝国は排他的なイスラム教では珍しく、ヒンドゥー教の文化の影響を受け、人生の三大目的であるトリバルガも取り入れた。花鳥風月や王族の肖像画のほかに『マハーバーラタ』や『ラーマーヤナ』を題材としたもの、さらには、男女の性的な交わりの場面も多く描かれるようになった。このようなムガール帝国のミニアチュール（ムガール絵画）はインド美術の一ジャンルを形成している。

団子を供える習俗

日本でも葬儀や彼岸のときに団子を供える風習があるが、ヒンドゥー教の祭式ではこの団子（ピンダ）が極めて重要な意味を持つ。ヒンドゥー教では一族に男児が生まれることが必須とされ、この男児が成長して家長となる。そして一族を繁栄に導き、さまざまな恩典を授けてもらうために執り行うのが祖霊祭であり、家長の最も重要な役割は祭壇にピンダを供えて祖霊祭を恙無《つつがな》く行うことである。ピンダを供えるのは家長に与えられた専権事項で、他の家族が代わって供えることはできない（二二～二二ページを参照）。

また、ヒンドゥー教は食卓を囲むものを基体とする宗教であるという。つまり、一族（家族）を信仰の単位とするのだが、このことはピンダを供える儀礼に参加する一族とも重なる。日本でも正月や盆に一族が集まって食卓を囲む風習は今も残っているが、ヒンドゥー教についても同じことがいえるのである。結局は、ヒンドゥー教も日本の習俗も、古くからの生活慣習を基盤としたもので、本来は改まって「宗教」と呼ばれるようなものではない。

また先にも述べたとおり、日本では歓喜天（聖天）の縁日に「歓喜団」という団子を供える風習がある。聖天は水商売、とくに遊郭などの商売繁盛に霊験があるとされている。歓喜団は平安時代に遣唐使《けんとうし》が中国から伝えた「団喜《だんき》」という菓子が元になっており、古くは貴族や高僧のみが口にすることができたという。

現在、京都の老舗の菓子舗で売られている清浄歓喜団は、上部に蓮《はす》の花の結び目をつけた巾着《きんちゃく》の形に作られている。生地は上新粉と小麦粉で、それに種々の香料や水飴《みずあめ》などを混ぜ、ごま油で揚げてある。この巾着型は浅草の待乳山聖天で商売繁盛のシンボルとなっていた巾着をモデルにしているといわれている。

平安時代に伝えられた団喜は、この時代の初頭に伝えられた真言宗《しんごん》や天台宗《てんだい》の寺院で仏前に供えられたという。真言宗は空海が伝えた密教の宗派であり、天台宗も密教色の強い宗派である。ということは、団喜も元は密教を通じて中国に伝えられたとも考えられるのではないだろうか。密教は仏教がヒンドゥー教化されたものといわれ、その儀礼や教義はヒンドゥー教そのものといっても過言ではない。

そうすると、密教とともに伝えられたヒンドゥー教のピンダは中国を経由して日本にも伝えられ、真言宗や天台宗で儀礼用に供えられていたものが、密教を信仰した貴族たちの間に広まり、後に菓子の一種として民間でも食されるようになったのではないか。

ただし柳田国男によれば、古くは神前に供える神饌に粢《シトギ》というものはあった。これは、米を水につけてふやかして形を整えたものである。別名を「しとぎもち」といい、団子に先行する食物であるというが、粢は球形ではなく丸餅のような扁平《へんぺい》で、掌《てのひら》に乗るほどの大きさだったと考えられている。従って、今の団子とはかなりイメージの違ったものである。

柳田国男も「団子」という名称は唐菓子（中国の菓子）の「団喜」にちなんだものであると述べているが、名称だけでなくその球形と一口大の大きさも団喜にちなんだものと考えて差し支えないだろう。そうすると、ルーツはやはりピンダに求めることができるのではないだろうか。

また、団子といえば多くの日本人は串《くし》に刺したものを連想する。これは室町《むろまち》時代に京都の下鴨《しもがも》神社の御手洗池《みたらしいけ》にちなんで「みたらし団子」が売られたことが起源だという。御手洗池には今も湧水とともに大きめの泡が連なって湧き上がって来る。その泡が連なる姿にちなんで命名されたのがみたらし団子である。さらに江戸時代になると、静岡県の宇津《うつ》ノ谷《や》峠でも何個かの団子を竹串や麻糸に貫いた「十団子《とうだんご》」というものが売られるようになった。これらが各地に普及し、団子といえば串に刺したものというイメージが出来上がったのである。

ヒンドゥー教の聖地

インドにはヒンドゥー教をはじめ、仏教やジャイナ教などに由来する数多くの聖地があり、多くの人々は聖地巡礼を行っている。中でもヒンドゥー教の聖地はインド全土に点在し、聖地で行われる祭には百万単位の人が参集する。

〈ヴァーラーナシー〉

ヒンドゥー教の中で最も古く重要なのがガンジス川中流域にあるヴァーラーナシーである。現在のウッタル・プラデーシュ州、ヴァーラーナシー県の県都で、人口一〇〇万を超える都市である。近くには釈迦が最初の説法をしたと伝えられるサールナート（鹿野苑《ろくやおん》）があり、仏教の聖地としても知られている。ヴァーラーナシーの名称はサンスクリット語で、現在ヒンディー語では「バナーラス（Banaras）」といわれているが、かつてイギリスの植民地時代にイギリス人が Benaras と誤記したことから、日本でも「ベナレス」と呼ばれている。

ガンジス川の西岸にガートと呼ばれる沐浴場があり、各地から集まった巡礼者たちはここで沐浴することを最大の目的としている。古くからガンジス川の水につかったものは解脱（悟り）を果たすことができるとされているのである。

ガートの一部は火葬場となっており、遺体はガンジス川の水に浸された後に荼毘に付され、遺灰はガンジス川に流される。こうすることによって死者は解脱を果たして天界に昇ることができると信じられている。また、ガンジス川の近くにはムクティ・ヴァワン（解脱の家）と呼ばれる施設があり、巡礼の果てにここで死を待つ人もいる。

〈マトゥラー〉

同じウッタル・プラデーシュ州に聖地マトゥラーがある。マトゥラーの南方五〇キロメートルほどのところには、ムガール帝国の宮殿タージマハールで知られる都市アーグラがある。マトゥラーはガンジス川最大の支流であるヤムナー川の河岸にあり、ここにもガートがあって多くの巡礼者が沐浴に訪れる。

インド神話ではヴィシュヌ神の化身として知られるクリシュナの生誕地とされ、誕生の場所と伝えられるところにはクリシュナ・ジャナムブーミというヒンドゥー教寺院が建てられている。とくにヒンドゥー教ヴィシュヌ派の聖地として多くの巡礼者が参詣《さんけい》する。

また、早くからヒンドゥー教の神像が造られていたが、紀元二世紀の中ごろにはガンダーラに続いて仏像が造られ、仏像の町としても知られている。グプタ朝（四世紀前半から六世紀半ば）のころにはすべての宗教が平等に扱われたことから、仏像の制作点数は減少した。しかしその分、一点一点に時間をかけて精緻《せいち》な像が造られるようになり、絹の衣の細やかな線を表すなど、マトゥラー仏を代表する独特の様式の仏像が造られるようになった。

〈アラーハーバード〉

マトゥラーの下流、ヤムナー川とガンジス川の合流地点にあるのがアラーハーバードである。神話では地下を流れるといわれるサラスヴァティー川とガンジス川、ヤムナー川の三川がこの地で合流するとされている。インドでは川の合流地点は聖地とされていることから、アラーハーバードも早くから聖地として多くの巡礼者を集めてきた。

もともとこの地は「プラヤーガ」と呼ばれていたが、一六世紀の末にムガール帝国のアクバルがこの地に要塞《ようさい》を築いたことから「イラーハーバード（Ilahabad）」と呼ばれるようになり、今も現地ではこの名称が使われている。イラーハはペルシャ語で「神」、アーバードは「都市」を意味する。植民地時代のイギリス人が誤読してArahabadとし、日本ではこれを「アラハバード」と表記するようになった。

また、旧名のプラヤーガは「犠牲を捧げる地」という意味がある。バラモン教時代には、牛やヤギなどを屠《ほふ》って神に捧げることは大きな功徳があると信じられていた。プラヤーガは固有名詞ではなく、犠牲を捧げる重要な祭祀が行われていた地の呼称であり、ここが古くからの宗教都市だったことを示している。

七世紀のプラヤーガを訪れた玄奘三蔵《げんじょうさんぞう》は『大唐西域記《だいとうさいいきき》』の中で、人々は二つの聖河の合流地点にあるこの地で死ぬと天国に生まれ変わることができると信じており、自ら命を絶つ人もある、と記している。犠牲を捧げる町は自らの身体を生贄に捧げる町でもあったようだ。また、玄奘はプラヤーガを「鉢羅耶伽」と音写（サンスクリット語の発音を漢字の音で写すこと）している。

また、この地は独立後のインド初代首相ジャワハルラール・ネルーの出生地で、その後、首相を務めたインディラ・ガンディーなどの首相の出身地でもある。

〈アヨーディヤー〉

現在のウッタル・プラデーシュ州北部にある古都である。古代インドの十六大国の一つに数えられるコーサラ国で、現在のウッタル・プラデーシュ州全域を統治していた。仏典にはゴータマ・ブッダ（釈迦）を輩出した釈迦族を属国としていたことが記されており、ジャイナ教の伝承では祖師のマハーヴィーラがこの地で説法をしたと記されている。

『ラーマーヤナ』の主人公ラーマ王子の出生地とされ、その一族はこの地に壮麗な宮殿を建設して権勢を振るっていたことが述べられている。また、『ラーマーヤナ』が東南アジアに普及すると、アヨーディヤーは聖都として羨望《せんぼう》の的となり、タイのアユタヤやインドネシアのジョクジャカルタなど、アヨーディヤーにちなんだ名がつけられた。

〈ガンゴートリー〉

ヒマラヤ山麓《さんろく》、標高三〇〇〇メートルを超える高地にあり、ガンジス川の源流に位置する聖地である。かつては、ここまで氷河が達していたといい、ガンガー女神を祀るヒンドゥー教の寺院やバザールが立ち並ぶ。ここからさらに一五キロほど奥に入ったところにゴームク（牛の口）という洞穴があり、ここが源流でその名の通り牛が口を開けたような岩の間から水が流れ出ている。

冬期は雪に閉ざされるが、その他の季節には多くの巡礼者や観光客が訪れ、瞑想をしたり苦行をする修行者の姿も見られる。

〈ハリドワール〉

インド北部のウッタラ・カーンド州にある人口一〇〇〇万人を超える都市で、デリーから急行列車で四時間ほどのところにある。ヴァーラーナシーの上流にあり、古くからヒンドゥー教の聖地として多くの巡礼者が訪れている。ハリは「ヴィシュヌ神」、ドワールは「門」の意味で、ヴィシュヌ神に出会う登竜門としてとくに神聖視されている。また、この地は一二年に一度、大祭クンブメーラが行われることでも知られており、約二カ月の期間中に三〇〇〇万人もの人が訪れるという。ガンジス川の西岸にはガートがあり、地元の人々や巡礼者がここで沐浴をする。

ハリドワール

〈リシケーシュ〉

ハリドワールの北東四三キロほどのガンジス川西岸に位置する。人口一〇〇〇万人を超える大都市ではあるが、ヒマラヤ山麓に位置するこの地は丘陵に囲まれた緑豊かな自然に恵まれている。そんな環境の中で山野を巡り、静かに瞑想する隠者（行者）たちが古くから集まってきた。彼らは好きなところに庵《いおり》を結んで宗派の教義などに囚《とら》われることなく各々《おのおの》のペースで修行をしていた。

やがて、そのような修行者のためにアーシュラマ（修行道場）が設けられるようになり、各地から修行者が集まって「ヨーガの街」と言われるようになった。一九六〇年代には世界中からヒッピーが訪れるようになり、ビートルズもここを訪れてヨーガを実践した。今も河原の石の上などに坐《すわ》って瞑想する行者の姿を見ることができる。

苦行に励むサドゥー

インドの神話では世界のはじめに「ヒラニヤガルバ」という万物の根元である黄金の卵が中空にあり、この卵が苦行をすると熱を発し、そこから森羅万象が生まれて宇宙が形成されたと説かれている。つまり、苦行が万物を生み出す質量因と考えられているのである。

このことからインドでは早くから苦行が尊重され、『ラーマーヤナ』に登場する悪魔ラーヴァナは一〇〇〇年間、苦行に励んだことがブラフマーに認められて、いかなる神にも負けないという特権を授けられたという。また、二九歳で出家した釈迦が六年間、死に至るほどの激しい苦行をしたことはよく知られている。

苦行の方法はさまざまで、長期間断食をして瞑想したり、身体を鎖などで激しく打ち付けたり、目を閉じずに太陽を見続けるなど、行者たちは各々独自の方法で修行に励む。釈迦の十大弟子（釈迦の出家の弟子の中でとくに優れた一〇人）のうちアヌルッダは釈迦の説法中に居眠りをしたことを反省し、絶対に眠らないという願を立てた。その結果失明したが、代わりに天眼（千里眼）を得たと伝えられている。アヌルッダの眠らないという苦行は、サドゥーが行っていた目を瞑《つぶ》らないという修行であると思われる。彼らは肉体的な眼を失うことで心の眼（天眼）を獲得し、それによって解脱を果たそうとしたのである。

また、身体を打ち付けて痛めつけるという行は、日本仏教の伝統行事の中にも見られる。たとえば、東大寺《とうだいじ》の修二会《しゅにえ》（お水取り）の一連の法要の中で、修行者が床に激しく身体を打ち付けて五体投地を行う行がある。修二会は二月堂《にがつどう》の本尊、十一面観音の前で懺悔《ざんげ》をする「悔過《けか》」の法要で、身体を痛めつけることによって仏に懺悔の意志を伝える。これもサドゥーが鎖で身体を打ち付ける行と共通する部分がある。

本来、サドゥーは人里離れた山中などに粗末な庵を組み、そこで孤独のうちに修行に励んだ。今もリシケーシュなどではひとり修行に励むサドゥーの姿が見かけられる。一般には彼らを「ヨガの行者」と言っているが、彼らはヨーガ（瞑想）ばかりでなくさまざまな方法で苦行を行っているのである。

今もサドゥーの中には生涯、坐らないという苦行を行っている人もいる。弟子たちが両側にロープを結び付けた細長い板の上を支え、その板の上に肘《ひじ》をついて体重を預けて生活している。また、生涯、坐ったままでいるという願をかけている行者もいる。彼の頭の上にはいつしかインコが巣を作り、そこから何代にもわたって雛《ひな》が飛び立っているという。これらのサドゥーの周りを常に大勢の弟子と信者が取り囲んでいる。

常に坐らない（立ったままでいる）という苦行は今も天台宗で行われている「常行《じょうぎょう》三昧《ざんまい》行」に、常に坐ったままでいるという苦行は同じく天台宗の「常坐《じょうざ》三昧行」に共通するものである。常行三昧行とは仏（本尊）の周りを念仏をとなえながら不眠不休で回る行、常坐三昧行は仏前に坐って来る日も来る日も不眠不休で読経をする行である。比叡山《ひえいざん》で千日回峰《せんにちかいほう》行を行う修行僧は、九〇日間の常行三昧行と九日間の常坐三昧行が課せられる。とくに常坐三昧に入った九日間は、厳しい断食で水を飲むことも許されない。人間が食物も水も飲まないで生きることができるのは、九日間が限界だといわれている。

また、サドゥーの苦行の中に一本の柱の上で生活するというものが伝えられている。日本では江戸時代に富士講《ふじこう》（富士山信仰の結社）の祖として仰がれる長谷川角行《はせがわかくぎょう》（一五四一～一六四六）という人が、富士山麓の人穴《ひとあな》と呼ばれる風穴の中で四寸五分（約一三・五センチメートル）角、地上一メートルほどの柱の上で千日間の修行を完遂したと伝えられており、材の上で修行したことから「角行」と呼ばれるようになったという。柱の上での修行が角行の発案かどうかは不明だが、日本にも仏教とともにサドゥーの修行方法が伝えられていたのかもしれない。

現在、インドには四〇〇〇万人から五〇〇〇万人のサドゥーがいるといわれている。しかし、彼らのすべてが解脱を目指して苦行に励んでいる訳ではない。ゴームク（牛の口）のような深山幽谷で人知れず修行に励んでいるサドゥーもいれば、普段は露天商の手伝いなどをして手間賃をもらい、クンブメーラなどの祭に現れて布施をもらうサドゥーもいる。むしろ、後者が圧倒的に多い。

サドゥーは大きくシヴァ神を信仰するシャイヴァ派とヴィシュヌ神を信仰するヴァイシュナヴァ派に分かれ、クンブメーラなどの大規模な祭のときには大挙して集まって来て鎖で身体を打ち付けるなど、さまざまなパフォーマンスをして祭の会場を行進する。このサドゥーの大行進は祭の見せ場の一つであり、それを目当てに祭に訪れる観光客も多い。

サドゥーになるためには師（グル）の下で数年間、修行してその承認を得なければならない。サドゥーが苦行するのは人々を解脱に導くためであるとされ、ヒンドゥーたちはその恩恵に報いるために喜捨をする。しかし、苦行を売り物にして喜捨を求めるサドゥーも多く、ヒンドゥーのサドゥーに対する態度は全般に冷笑的である。

吟遊詩人バウル

「バウル」はインド東部からバングラデシュにまたがる、旧東ベンガル地方を中心に活動する吟遊詩人である。一弦琴《いちげんきん》と小太鼓によるテンポの速い曲に合わせて歌い、踊り、門付けをして僅かな布施をもらって生計を立てている。定住せず各地を移動するバウルは、ボヘミアンにも似ているが、ボヘミアンの歌舞が鍋釜《なべかま》や刃物を販売するための客寄せであるのに対して、バウルは商品などの販売は一切行わない。

バウルになるためには、ディッカと呼ばれる入門式でグル（師匠）の認証を得なければならないといわれ、そのとき一般社会（俗界）を離れて一所不住の放浪生活をすることを誓う。彼らは初期仏教の出家修行者のように托鉢《たくはつ》によって生活の糧を得るのであるが、仏教の出家者とは異なり、女性と交わることや妻帯は限定つきながら認められている。

禅宗の雲水《うんすい》（禅の修行者）にも似ているが、徹底した禁欲主義を貫くわけでもなく、どちらかと言えば緩やかな戒律を守りながら信仰生活を続けていくのである。また、彼らは世俗と絶縁するといっても、その歌や踊りは人に見せるために行われるのであり、その意味で俗世間とも深く関わっている。

このようなバウルは、釈迦がとなえ仏教の最も根本的な立場である「中道」に立っているということができる。つまり、極端な禁欲や快楽を避けて平安に暮らすということである。

バウルの歴史や生態については詳しいことは分からない。ただ、彼らがあらゆる束縛を離れた自由を希求していることは確かで、その姿勢は遊行期のサンニャーシンにも見られる。また、インドのすべての宗教は輪廻という束縛からの解脱（解放）を目指すのであり、バウルも例外ではない。

バウルの理想はサハジ（自然）な生き方であるという。世の中のあらゆる規制から離れて完全な自由の中に生きることだという。だから、彼らはカースト制度の埒外《らちがい》で生きている。彼らはあらゆる権威を否定するのであり、ヴェーダ聖典や神の権威さえ否定する。

彼らのいうサハジな生き方とは、完全な平等と自由が約束された奔放な人間愛に満ちた原始の人間の生き方ということもできる。『社会契約論』を書いたフランスの思想家ジャン・ジャック・ルソーは「自然に帰れ」と主張した。階級も闘争もない平和な原始時代の人間性を取り戻せという意味である。

ヒンドゥーの社会はカースト制度に縛られた極めて厳格な管理社会である。その社会構造は産業革命を経て資本主義が発展し、極度の官僚主義、管理主義に陥って個人の人間性が否定され、貧富の差が拡大した近代社会の構造にも類似している。そのような管理社会から弾《はじ》き出された人々が、言い知れぬ疎外感を感じているのが近現代社会の現実である。そして、その疎外感からの脱却を強く訴えているのがルソーの「自然に帰れ」という言葉である。

バウルもその疎外感からの脱却ということを背景に生まれて来たと考えられる。あらゆる権威を否定し、無一物で何事にも執着することなく生きることで疎外感からも解放され、安堵《あんど》を感じることができたのではないだろうか。また、このようなバウルの立場は、釈迦の時代のいわゆる「原始仏教」にも共通点を見出《みいだ》すことができる。釈迦は無一物になってすべての執着を離れ、心身を解放することを理想としたのである。

カースト制度にとらわれないバウルの思想は、当然のことながらアウトカースト(不可触民)と呼ばれる最下層の人々に歓迎された。バウルの中には上層階級の人も稀《まれ》にいるが、そのほとんどは最下層の人々である。また、自らが最下層の出身で不可触民の解放運動を行ったアンベードカル(一八九一～一九五六)は仏教復興運動を行い、数百万の不可触民を仏教徒に改宗させて差別の撤廃に尽力した。彼が唱えた仏教は釈迦の時代の原始仏教で、その完璧《かんぺき》な平等主義と執着を離れた生活態度に注目したのである。

また、アジア人初のノーベル文学賞受賞者ラビンドラナート・タゴールは、バウルの歌に感銘を受けて『ギタンジャリ』という詩集を発表した。この詩集が絶賛され、ノーベル文学賞の受賞につながった。

インドではバウルのほかに、南部のタミール地方を中心に活躍した熱狂的な吟遊詩人アールワール、ベンガルから各地に広がったクリシュナを一心に讃える「ハレー・クリシュナ」の信徒など、カーストをはじめすべての社会的、宗教的束縛から離れて一途《いちず》に信仰に生きる人たちがいる。

彼らの多くは最下層の人々で、無一物になって信仰に没頭することに生きる喜びを見出している。彼らは特定の経典や教義を持たず、識字能力がないものも少なくない。しかし神に常に語り掛け、神とともに生きることによって至福の境涯に達しているのである。彼らは宗教以前の素朴な信仰に生きているのであり、言ってみれば宗教の原点に返った人々ということができるのではないだろうか。

そして、あらゆる束縛から離れた自由な立場に立つ彼らはまた、あらゆる事象に極めて寛容な態度を示すことができる。バウルは物質的欲求と精神的欲求の「調和」を信条としているという。繰り返し述べてきたように、紀元前一五〇〇年ごろインドに侵入してきたアーリア人は多種多様な異文化と接し、それらとの融合を図りながらヒンドゥー教という遠大なキャパシティーを持つ宗教を醸成してきた。ヒンドゥー教の歴史はまさに調和の歴史ということができる。

その意味でヒンドゥー教は、インドの地に生まれ育ったものなら誰にでも対応できる宗教となった。一方でカースト制度の下では、シュードラ以下の人々はヒンドゥーのダルマとしての祭祀を満足に営むこともできない。バウルやアールワール、ハレー・クリシュナの信徒らは、自らカースト制度などの社会的束縛の埒外《らちがい》に出ることによって信仰の活路を見出したということができる。

バウルやハレー・クリシュナを生み出したベンガルにはドラヴィダ系の貧困層が多

い。アールワール発祥の地は同じくドラヴィダ系のタミール地方である。これらの宗教は差別と貧困を強いられた人々の、いわば悲痛な叫びの中から生まれたということができるだろう。そして、彼らの熱狂的信仰は教義や祭祀にとらわれたヒンドゥー教などという枠を超えた、素朴で自然な信仰心▼注1の発露だったのであり、さらには宗教という概念を超えた人間の本性に根ざした信仰といえるだろう。バウルの歌に感銘を受けたタゴールは、恐らくそこのところに共感を抱いたのだろう。

注1　素朴で自然な信仰心　バウルの中には然《さ》したる信仰心もなく、歌を披露して各地を巡る大道芸人的なものも少なくない。また、現代ではバウル風の詩に現代風の曲を付けて歌うバウルミュージシャンなどもいて、人気を博しているものもいる。

第四章　ヒンドゥー教の神々

アニミズム的な素朴な神々

世界中の宗教の原初的段階はアニミズム（精霊崇拝）である。インドでは古くから山や川、樹木や岩などとともに、太陽や水、風、火、さらには鳥獣などが神として信仰されてきた。

川の神「サラスヴァティー」は、日本でもよく知られている弁才天《べんざいてん》の起源で、仏教とともに日本にも伝えられて盛んに信仰されてきた。また、ガンジス川には「ガンガー」という女神がおり、この神の乗り物が讃岐《さぬき》の「こんぴら様」でお馴染《なじ》みのコンピラである。このほかにもインド各地には河川を神格化した神々は多い。

風は自然界を成り立たせる重要な要素で、世界各地で風の神が見られる。インドではすでに『リグ・ヴェーダ』に「ヴァーユ」という風の神が登場し、原人プルシャ[注1]の生気（生き生きとした活力）から生まれたとされている。サンスクリット語で風のことを「ヴァータ」といい、もともと『リグ・ヴェーダ』ではヴァータを風の神としており、古くはヴァータとヴァーユという二つの風の神が併存していた。ヴァーユは仏教に取り入れられて「風天《ふうてん》」と呼ばれ、密教の十二天[注2]の一神としてまつられ、日本の仏教寺院にも画像が多く残されている。

日本にも水神信仰があるが、インドでは水の妖精《ようせい》を「アプサラス」といい、数々の古典文学に水の神として登場する。ニグローダや菩提樹《ぼだいじゅ》といった聖樹の下に棲《す》み、歌舞音曲を得意とする美しい天女として描かれる。アプサラスは独立した神格というよりも複数の天女としての性格が強く、神々の来臨に随行して祝福する役割を果たす。日本の寺院では堂内の壁画などに描かれ、また、仏像の光背などにも飛翔《ひしょう》する天女を表しているものがある。

またアプサラスとは別に「ヴァルナ」という水神が古くから信仰の対象になっている。古くは正義の神として高い地位にあったが、時代とともに水との関係が強まり、水神として信仰されるようになった。仏教に取り入れられて「水天《すいてん》」と漢訳され、十二天の一神としてまつられるようになった。日本では神仏習合時代（平安《へいあん》時代）になると、水分神《みくまりのかみ》▼注3と習合して降雨を司《つかさど》り、五穀豊穣《ほうじょう》をもたらす農耕神としての性格を強めた。各地の水分《みくまり》神社にまつられたほか、中世以降には水天宮▼注4がまつられるようになった。

そして室町《むろまち》時代の後半ごろから、水天宮は安産、子育ての神として庶民の間で盛んな信仰を集めるようになった。もともとヴァルナや水分神は安産、子育てとは無縁だったが、水分《みくまり》の音が御子守《みこもり》と似ることから、子どもの神としての信仰が生まれたと考えられている。また、ヒンディー語では「ヴァルーン」と発音し、インドでは今も盛んな信仰を集めており、ヴァルーンというファーストネームを持つ人もいる。
「火天《かてん》」は文字通り火の神で、日本でいえば竈《かまど》の神や三宝荒神《さんぽうこうじん》に相当する。ヒンドゥー教の古層はゾロアスター教（拝火教）の影響を強く受けており、火を神聖視して崇拝の対象とする。アグニは天界では太陽、中空では雷の稲妻、地上では祭式などに用いられる火であり、いたるところに遍在すると考えられている。

また、アグニホートラ（火祭）というヴェーダ以来の祭式が今もヒンドゥー教徒の間で盛んに行われている。アグニホートラでは祭火に供物を捧《ささ》げ、その煙が天界に届いて神々が祭場に降臨し、その神々を礼拝することによって願い事が叶《かな》えられると考えられている。アグニホートラは「ホーマ」と呼ばれ密教の護摩《ごま》の起源である。

アグニは仏教に取り入れられて「火天」と呼ばれ、十二天の一神として南東を護《まも》るとされている。ヒンドゥー教のアグニの姿はさまざまだが、二面七臂《ひ》（頭が二つに手が七本）で足が三本あり、身体の色は真っ赤である。一方、仏教の「火天」は髪や髭《ひげ》をぼうぼうに伸ばし、痩《や》せこけた仙人の姿で、両手で三角印という正三角形の持物を持っている。坐像《ざぞう》と立像がある。

日本でも奈良の春日大社《かすがたいしゃ》の建御雷神《たけみかずちのかみ》や京都の上賀茂《かみがも》神社の別雷命《わけいかずちのみこと》をはじめ、雷を神格化した神が各地にまつられている。インドの雷の神はインドラと呼ばれ、ヴェーダのルーツであるイランのアヴェスター聖典にも見え、その起源は極めて古い。いうまでもなくヴェーダには早くから擬人化されて武勇神、英雄神としてアーリア人の理想像として君臨するようになった。

注1　プルシャ　ヴェーダをはじめとするインドの聖典や文学に登場する巨人の神で、神々が生贄《いけにえ》としてプルシャを殺したとき、その身体から太陽や月、風といった自然現象や神々、人間が生じたとされている。つまり、人間の始原となった神である。

注2　十二天　もともとインドではヴァーユ（風神）、ヴァルナ（水神）、アグニ（火神）など「ローカーパーラ」という八方を護る神が信仰されていたが、これに梵《ぼん》天、毘《び》沙門《しゃもん》天、羅刹《らせつ》天、伊舎那《いしゃな》天を加えて十二天とした。東西南北の四方とその間の南東や北東などを加えた八方に天地、太陽と月を加えた十二の方角を護る神々。帝釈《たいしゃく》天（東方）、焔魔《えんま》天（南方）、水《すい》天（西方）、毘沙門天（北方）、火《か》天（東南方）、羅刹天（西南方）、風《ふう》天（西北方）、伊舎那天（東北方）、梵天（上方）、地《ち》天（下方）、日《にっ》天（太陽）、月《がっ》天（月）の一二尊の神々ですべてインドの聖典や神話などに登場する。密教では伝法灌頂《でんぽうかんじょう》などの秘法を行うときには堂内の四方に十二天の画像を掲げて邪悪なものの侵入を防ぐ。

注3　水分神　山の尾根に降った雨は人為を介することなく両側の麓《ふもと》に平等に分配される。そこで尾根には水分神という神がいると考えられた。

注4　水天宮　本文でも述べたように、水天宮は水天を祭神とするが、明治《めいじ》の神仏分離のと

きに水天が仏教由来の神であることから、祭神から外され代わって天之御中主神《あめのみなかぬしのかみ》が採用された。天之御中主神は『古事記《こじき》』の神話で最初に登場する神で日本の国土と万物のエレメントを形作った造物主である。

世界創造神ブラフマー

ブラフマーの語義や語源についてはさまざまな説があるが、もともと「ブラフマン」という中性名詞の男性形がブラフマーである。ブラフマンは後期ヴェーダ時代（紀元前八〇〇年以降）の「ブラーフマナ」や「ウパニシャッド」で形成された「宇宙の根本原理」で、神々や人間をはじめとする万物を生み出す根源と見なされた。

ブラフマンはウパニシャッドの最も重要な述語の一つであるが、極めて抽象的な形而上学《けいじじょうがく》的概念で、一般には把握しがたいものだった。そこで、ウパニシャッドの哲学者たちは中性名詞のブラフマンを神格化してブラフマーという神を生みだした。

このブラフマーは造物主ですべての神の生みの親（父）と考えられ、シヴァ神やヴィシュヌ神とともにヒンドゥー教の最高神として信仰された。時代が下るとバクティ信仰（一六〇ページを参照）とも相俟《あいま》って、ヴィシュヌ神やシヴァ神が熱狂的に支持されるようになったが、ブラフマーの信仰が両神の信仰のように盛り上がることはなかった。このことから、ヒンドゥー教の寺院にはシヴァ神やヴィシュヌ神の像がまつられるが、ブラフマーの像がまつられることは稀《まれ》である。

また、ヒンドゥー教ではブラフマーとヴィシュヌとシヴァは一体であるとする「三神一体」がとなえられ、一つの存在（神）から現れる三つの様相（トリムールティ）であるとされるようになった。それぞれ「創造」「維持」「破壊」の機能を持つとされ、ブラフマーが創造した宇宙をヴィシュヌが維持し、シヴァが破壊すると考えられるようになった。

ヒンドゥー教では宇宙の存続期間を四つに分けている。第一は「クリタ・ユガ」と呼ばれ一七二万八〇〇〇年続き、第二は「トレーター・ユガ」で一二九万六〇〇〇年、第三は「ドバーパラ・ユガ」で八六万四〇〇〇年、最後は「カリ・ユガ」で四三万二〇〇〇年続くという。

三神一体

時間の経過に従って人間は精神的にも肉体的にも衰微し、倫理、道徳の観念もどんどん減退すると考えられた。このような考え方はキリスト教など他の宗教や思想にも見られるが、ヒンドゥー教ではインド人特有の分析的思考から四つの期間が定められ、それぞれの期間の具体的な長さも考え出された。

ちなみに、宇宙創造からカリ・ユガに向かう時代を「ガタ・カリ」、すなわち、カリ・ユガに向かう時代といい、カリ・ユガは紀元前三一〇二年に始まったとされている。この計算によると二〇二一年はカリ・ユガの五一二三年に当たり、今もインドの暦ではこの年号が採用されている。ちょうど日本人の「農事暦」のように、ヒンドゥー教徒はヒンドゥーの暦を見て祭礼や冠婚葬祭などの日取りを決めたりしている。

また、このような考え方は仏教にも影響を及ぼした。仏教では釈迦《しゃか》が亡くなってから「正法《しょうぼう》」「像法《ぞうほう》」「末法《まっぽう》」の三つの期間が定められ、時間の進行に伴って人間の資質が低下すると考えられた。まず、正法は釈迦が亡くなってから一〇〇〇年[注1]の間で、この時代にはブッダの教え（仏法）とそれに従って修行をして悟りを開くものもいる。しかし、次の像法の時代になると仏法に従って修行をするものはいるが、悟りを開くものがいなくなり、この時代が一〇〇〇年続くという。そして、末法の時代になると仏法（経典）のみが残って修行をするものもいなくなり、悪が蔓延《はびこ》る暗黒の世界が到来、この末法が一万年続くという。

日本では平安時代末の一〇五二年が末法の世のはじまりとされ、「南無阿弥陀仏《なむあみだぶつ》」をとなえさえすれば極楽往生できるとする浄土信仰が盛んになった。また将来、弥勒《みろく》菩薩▼注2が現れて人々を救済するときに経典がなくなると大変なことになると考えられ、経典を金属や石でできた容器に入れて地中に埋め、石碑を建てる「経塚《きょうづか》」というものが各地で作られ、今もその遺構が残っている。

また、『日本書紀《にほんしょき》』では初代現人神《あらひとがみ》・神武《じんむ》天皇が大和《やまと》（奈良）の橿原《かしはら》宮で即位した年が、天照大御神《あまてらすおおみかみ》の孫である天孫瓊瓊《にに》杵尊《ぎのみこと》が日向《ひゅうが》の高千《たかち》穂《ほ》の峰に降臨してから一七九万二四七〇年余りを経たときだったとしている。この長い年数の根拠ははっきりしないが、あるいは仏教とともに伝えられたヒンドゥー教の時間論の影響を受けているのかもしれない。

ブラフマーは四つの顔と四本の手を持ち、ハンサ（白鳥、ガチョウ）という神鳥に乗るとされている。四つの顔は四ヴェーダを表し、各々《おのおの》の口から四ヴェーダが紡ぎ出されたといわれている。ヴェーダは古代の聖仙（リシ）たちが神から受け取ったとされているが、ブラフマーの像容はヴェーダを授けた神がまさにブラフマーだったことを示している。

ブラフマーは「梵天」と漢訳され、仏教に取り入れられてその守護神となり、帝釈天（インドラ）とともに重要な役割を果たす。日本の寺院で見られる梵天像は中国風のゆったりとした衣服を身に着けた貴人の姿に造られている。ただし、密教の梵天像は四つの顔と四本の手を持ち、四羽のガチョウに乗る姿に造られている。これはヒン

梵天

ドゥー教のブラフマー神の姿で、京都の東寺《とうじ》の講堂にはこの姿の像がまつられている。

仏教には梵天にまつわる次のような逸話がある。釈迦は悟りを開いた後、しばらく法悦（悟りの境地を味わうこと）に浸っていた。このとき、悟りの内容が余りにも深遠、難解なので凡夫（普通の人）にはとうてい理解できない、理解したように見えても曲解されて良からぬ結果をもたらすだろう。であれば、誰にも語らずに自分だけ法悦に浸っていようと考えた。

そのような釈迦の心情を目聡《めざと》く悟った梵天は、せっかく万人救済の道を悟ったのだから是非とも人々に語ってほしいと懇願した。一回、二回と懇願したが釈迦は受け入れなかった。しかし、三回目に懇願したときやっと重い腰を上げて悟りの内容を語ることにしたのである。これを「梵天勧請《ぼんてんかんじょう》」といい、仏教の伝説では釈迦の教えが広まって仏教が成立するきっかけとなった、極めて重要な出来事とされている。

仏教では梵天は帝釈天とともに釈迦のガードマン役をするとともに、釈迦のご意見番、ないしは後見人的な役割を果たす。ヒンドゥー教の中では、早くにシヴァ神やヴィシュヌ神に最高神の地位を奪われ、仏教に入ってからは他の天部の神々とともにガードマン役になった。しかし、釈迦に堂々と意見をして迷いを払拭《ふっしょく》するなど、仏教においてはかつての最高神としての面目を保っているということができるだろう。

注1　一〇〇〇年　仏滅後五〇〇年など諸説ある。

注2　弥勒菩薩　サンスクリット語でマイトレーヤといい、仏滅後五六億七〇〇〇万年後にわれわれが住む娑婆《しゃば》世界に下りて来て、釈迦の救いに漏れたすべての人々を救うとされる菩薩。

シヴァとヴィシュヌ

シヴァとヴィシュヌはブラフマーとともにヴェーダ以来、三大神格として崇敬され、ウパニシャッドには三神一体（トリムールティ）の思想が見え、三神を一堂に会した像も造られている。トリムールティとは三神はもともと一つの神格が異なる側面を表したということで、ブラフマーが世界を創造し、ヴィシュヌが世界を維持し、シヴァがそれを破壊すると考えられた。

また、インドでは古くからアヴァターラ（変化《へんげ》、変身、権化《ごんげ》）という観念があり、一柱の神がさまざまな姿に変身すると考えられている。たとえば、ヴィシュヌには一〇のアヴァターラ（変化神）があるとされ、仏教が盛んになるとその九番目がブッダ（釈迦）ということになり、ヒンドゥー教の寺院には今も釈迦の像がまつられている。

このような背景の下、三神は時と場合に応じてアヴァターラとして出現すると考えられた。三神のうちブラフマン（世界の根本原理）という抽象的な思想から出発したブラフマーは人格的要素が希薄で、余り人々に親しまれなかった。このことから、シヴァやヴィシュヌの神像が盛んに造られて今もヒンドゥー教寺院で見られるのに対して、ブラフマーの神像は余り造られることはなく、ヒンドゥー教寺院にまつられているのは稀である。むしろ、仏教に取り入れられてから梵天の像が中国や日本で盛んに造られるようになった。

これに対してヴィシュヌ神とシヴァ神は神話や伝説、『マハーバーラタ』や『ラーマーヤナ』などの文学を通じて次第に人格化され、さらには各地の非アーリア系の民間信仰などとも融合し、一般民衆にも親しみやすい存在になっていった。そして、早くからウパニシャッドやプラーナの中で一個の宗教体系として教義を確立し、ヴィシュヌ派、シヴァ派という一派を形成して、今もヒンドゥー教徒の勢力を二分している。

〈破壊と救済――シヴァ神〉

シヴァ神はモンスーンの破壊力を神格化した『リグ・ヴェーダ』に登場する暴風神ルドラに由来する神で、狂暴、陰惨、憤怒《ふんぬ》（怒り）という破壊的な性格を持つ。ヴィシュヌ、ブラフマーとともにヒンドゥー教の三神の一柱で、シヴァ派の最高神と位置付けられている。すでに、インダス文明の遺物の中にシヴァを彷彿《ほうふつ》とさせる行者の像などが見られ、シヴァ神の起源をヴェーダ以前に求める学者もいる。

ヒンドゥー教の神々はどれも複雑な様相を呈しているが、中でもシヴァの性格は複雑でその実像を言葉で表したり、統一的に捉《とら》えることは困難である。そのような複雑さを背景に「シヴァの千名」といわれるほど多くの異名がある。「カパルディン（縮れ毛）」という名はシヴァが縮れ毛であることを表す。また、今もヒンドゥーの行者に見られるような長い髪を巻き上げた髪型をしていたということから「ジャティラ（結髪）」の異名がある。シヴァの額にはタテに眼が刻まれていることから、「トリローチャナ」の異名があり、有事にはその第三の眼から火を放つという。また、喉《のど》が青黒いことから「ニーラカンタ（青頸《あおくび》）」の名もある。

さらに、全身に灰、とくに屍《しかばね》を焼いた灰を塗っていたことから、「バスマ・プリヤ（灰を塗るもの）」といわれる。今もシヴァ派のサドゥー（苦行者）は全身に灰を塗っている。また、「ディグ・ヴァーサス」という名はシヴァが裸で過ごしていたこと、「サルパ・チーラニヴァーサナ」は蛇を身に巻き付けていたことを示す名称である。「マハー・リンガ」は男根を露《あら》わにしていたことに由来するという。

シヴァの名称の主要なものを挙げたが、他にも非常に多くの名称がある。このことは、シヴァ神がインドの極めて広い地域で信仰され、それぞれの地域の在地の神や民間信仰などを取り入れて発展してきたことを示している。

また、神話の中にはシヴァの名前の由来を示すエピソードも多い。先に挙げた「青頸」という名は次のような話に由来する。

かつて神々が不死の妙薬であるアムリタ（甘露）を得ようとして乳海を掻《か》き回したとき、アムリタに先立って世界を焼き尽すほどの猛毒が発生した。このとき、シヴァが猛毒を飲み込んだが、妻のパールヴァティーがこれを飲み込まないようにシヴァの喉を押さえた。一方、傍らにいたヴィシュヌは吐き出さないようにシヴァの口をきつく押さえた。それで、猛毒は滞留してシヴァの喉を焼き青黒くなってしまったという。

中国に観音菩薩《ぼさつ》の信仰が伝えられると、「三十三体観音」と呼ばれる中国オリジナルの三十三の姿の観音像が造られるようになった。その中に「青頸観音」というものがあるが、これは今述べたシヴァのエピソードに基づいて造られたものである。

　さらに、シヴァには「ガンガーダラ（ガンジス川を支える）」という異名があるが、これは次のようなエピソードに由来する。

　昔、バギーラタという聖仙が祖先の供養のために聖水を求めた。そのころガンジス川はサラスヴァティー川とともに天界を流れていたが、バギーラタは苦行によってガンジス川を地上に下ろそうとした。しかし、大河が落下するときの衝撃で大地が破壊されることを危惧《きぐ》したバギーラタは、シヴァのみが落下の衝撃に耐えうると考えて、シヴァに大河を受け止めてくれるように懇願した。これに応じたシヴァは、凄《すさ》まじい勢いで流れ落ちる大河を巻き上げた髪で受け止め、無事に聖水を地上に導くことができた。そして、この衝撃で髪の毛が縮れたことから、カパルディン（縮れ毛）の名がある。

シヴァとヴィシュヌ

　シヴァは破壊と救済という二つの対照的な性格を持っているが、以上の二つの話は救済の性格を示すものである。

　次に昔、ダクシャという聖仙が大規

模な祭祀《さいし》を催して神々を招待した。このとき、シヴァと妻のサティーを招かなかった。サティーはダクシャの娘で父に除外されたことを悲観して焼身自殺をして凄惨《せいさん》な最期を遂げた。この一件に激怒したシヴァは、祭に乗り込んで徹底的に破壊したという。この話はシヴァの破壊、そして雪辱や報復の側面を表したものである。

また、ダクシャがシヴァを招待しなかったのは、シヴァの破壊力を恐れたためである。神々からも人々からも、シヴァは破壊の神であり、機嫌を損ねるととんでもない乱暴狼藉《ろうぜき》を働くということが認知されていたことが分かる。しかし、丁重にまつって機嫌を取れば救済の神に変身する。つまり、一柱の神が二面性を持っているのである。そのことは日本の神の和魂《にぎみたま》、荒魂《あらみたま》という二面的な性格と似ている。

かつて、悪神であるアスラ族のターラカの三人の息子が天界の建築士マヤに依頼して、天界と中空と地上にそれぞれ金と銀と鉄の三つの城を建設し、その中に不死の水を湛《たた》えた池を作った。これにより、ターラカの三子は不死身の身体を得て瞬く間に天空地の三界を制圧してアスラの王となった。このことを憂慮した神々は、シヴァにターラカを攻略するように依頼した。それに応《こた》えたシヴァは三叉戟《さんさげき》（切先が三叉の槍《やり》）と弓矢で三つの城を粉砕したという。このことから、シヴァは「トリプラーンタカ（三城塞《じょうさい》の破壊者）」と呼ばれる。

この話はシヴァの凄まじい破壊力を表したものであるが、同時に悪魔（アスラ）の支配から世界（三界）を救うという救済の側面も表している。そして、青頸の話もガンガーダラの話もその凄まじい破壊力を用いて世界を救ったという話である。シヴァの破壊力は基本的には人類を救う正義のために用いられる。そこにシヴァが多くのヒンドゥーに支持される理由がある。一方、ダクシャの祭祀に招かれなかったことに腹を立てた話には、仲間外れにされた人間が抱く素直な感情が吐露されている。これもシヴァが人々に親しみをもって受け入れられる要因の一例である。

〈世界の維持――ヴィシュヌ神〉

ヴィシュヌ神は『リグ・ヴェーダ』以来の太陽神の一族で、明朗闊達《かったつ》で温和な性格を持ち、三神の中で世界の維持という長期間に及ぶ忍耐を必要とする役目柄に適合している。

また、ブラフマーと同様、ヴィシュヌも宇宙のあらゆるものを生み出すが、ブラフマーの宇宙創造が宇宙の大枠を造り出したのに対して、ヴィシュヌはわれわれ人間をはじめ、山や川、木や小石に至るまで個別の事象を造り出したと考えることもできる。これは記紀の神話で「造化《ぞうか》三神《さんしん》」[注1]が日本の国土のエレメントを造り、イザナキ、イザナミ[注2]が個別の事象を造り出したという創造神話に共通する話と考えることもできるのではないだろうか。

われわれがふつうに目にすることができるものを造り出したヴィシュヌは、人間との距離が縮まり、人格的な神として親しまれるようになった。つまり、ヴェーダ由来の絶対的な創造神は、木や小石といったあらゆるものに降臨してアニミズム的な神となったのである。そして、このようにあらゆる事物に依《よ》り付いて個々の姿をとるヴィシュヌは、さまざまな変化身を現すと考えられた。この変化身のことをサンスクリット語で「アヴァターラ」といい、根元的な絶対神としてのヴィシュヌは一神教的であるが、さまざまな変化身を現すことによってヒンドゥー教の多神教の世界が展開されたのである。

記紀の神話の中にも神が変身する話はある。たとえば、三輪山《みわやま》の大物主神《おおものぬしのかみ》は勢夜陀お気に入りの多良比売《たらひめ》という姫の下に丹塗《にぬ》りの矢に姿を変えて通い、結ばれたという。しかしこの場合、姫の獲得を目的として変身したのであり、丹塗りの矢自体が神として敬われた訳ではない。これに対してヴィシュヌは変化したモノ自体が神として崇《あが》められるのであり、これは外界の木や岩や鳥獣などあらゆるものに神霊が宿るとするアニミズム的信仰である。

最高神としての崇高なヴィシュヌ像は、ヴェーダやウパニシャッドの中で正統バラモンたちによって醸成されたものであり、一方のアヴァターラとしてのヴィシュヌ像は非アーリア系の民間信仰を取り入れたものということができる。ヒンドゥー教の前身であるバラモン教が信者を獲得していく過程で、民間のアニミズム的信仰を取り入れ、これと融合したのである。

ヴィシュヌのアヴァターラとしてよく知られているのは「マハー・アヴァターラ(偉大な化身)」と呼ばれる次の一〇種である。

(1) 大洪水から生類を救った魚
(2) 世界を支える亀
(3) 水中(海)から大地を持ち上げて生き物に生活の場を与える野猪
(4) 憤怒相の人面に獅子《しし》の身体を持つ人獅子
(5) 神々の敵の悪神アスラから宇宙を奪回した矮人《わいじん》
(6) クシャトリヤ(武士階級)の刷新を図るバラモン戦士、パラシュラーマ
(7) 叙事詩『ラーマーヤナ』主人公で国民的英雄のラーマ
(8)『バガヴァッド・ギーター』で王子アルジュナを勝利に導いた英雄神クリシュナ
(9) 仏教の開祖仏陀《ぶつだ》(釈迦)
(10) 未来に現れる救世主カルキン

これらのアヴァターラ神はグプタ朝(四世紀はじめごろから六世紀半ばごろ)は盛んに信仰されるようになり、このほか、二三や一〇〇などのアヴァターラが説かれるようになった。先にも述べたとおり、仏教で説く観音菩薩の「三十三変化身《へんげしん》」はヴィシ

ュヌの二二のアヴァターラから考え出されたものである。

ヴィシュヌの妻は富と幸福の女神ラクシュミーであるとされ、ラクシュミーはヴィシュヌのエネルギーの源であると考えられている。また、ヴィシュヌがアヴァターラとして現れるときには、ラクシュミーもアヴァターラを現出する。例えばヴィシュヌが『ラーマーヤナ』の主人公ラーマ王子として現れるとき、ラクシュミーはその妃《きさき》のシーター妃として現れるのである。

インドの神々の多くは常用する乗り物（ヴァーハナ）を持っているが、ヴィシュヌの乗り物はガルダという怪鳥とされている。ガルダは翼を広げると三三三三里あるといい、宇宙の果てまでひと飛びで到達するといわれている。ガルダは孔雀《くじやく》をモデルにした架空の怪鳥で、毒蛇（キングコブラ）を撃退すると考えられている。これは孔雀がコブラを撃退することにちなんだもので、毒蛇は煩悩と同義とされ、ガルダが煩悩を滅却してくれるものと考えられるようになった。ガルダは仏教に取り入れられて「迦楼羅《かるら》」と漢訳され、八部衆《はちぶしゆう》の一尊として仏教を守護する。

注1　造化三神　『古事記』で天地開闢《かいびやく》のときに高天原《たかまのはら》に出現した天御中主神《あまのみなかぬしのかみ》、高皇産霊神《たかむすびのかみ》、神皇産霊神《かみむすびのかみ》の三柱の神。

注2　イザナキ、イザナミ　造化三神から七代目に現れた神で、最初の夫婦の神として日本

の国土や多くの神々を生んだ。

観音菩薩とシヴァ、ヴィシュヌ

何度も述べてきたとおり、観音菩薩はシヴァ神とヴィシュヌ神に多大な影響を受けている。観音菩薩の三十三変化身はヴィシュヌの三三のアヴァターラに基づくものであり、シヴァ神の救済の性格は観音菩薩の限りない慈悲として受け継がれた。十一面観音や千手観音といった変化観音は、ヴィシュヌのアヴァターラに基づくものである。

また、サンスクリット語で十一面観音は「エーカ・ダシャ・ムッカ」といい、エー

十一面観音菩薩

カは「一」、ダシャは「十」、ムッカは「顔」という意味で、文字通り「十一の顔を持つもの」という意味である。千手観音は「サハスラ・ブジャ」といい、サハスラは「千」、ヴジャは「手」のことで「千本の手を持つもの」という意味である。そして、「エーカ・ダシャ・ムッカ」「サハスラ・ヴジャ」という名前はシヴァ、ヴィシュヌの異名の一つでもある。つまり、シヴァ、ヴィシュヌの名がそのまま仏教の観音菩薩の名になっているのだ。

　また、仏教の尊像（仏像）としては十一面観音が最初の多面像（複数の顔を持った像）であり、千手観音が最初の多臂像（多くの手を持った像）である。ヒンドゥー教では紀元一世紀の半ばに仏像が誕生[注1]する以前から多くの神像が造られており、シヴァ神やヴィシュヌ神などのように多面多臂像も造られていた。仏教が広い地域に伝わるにつれて、このようなヒンドゥー教の神像の影響を受け、仏像にも多面多臂像が現れたものと考えられる。

　ただし、これは仏教がヒンドゥー教の影響を受けたというよりも、仏教がヒンドゥー教徒を教化していく過程で、すでにヒンドゥー教徒が礼拝していたシヴァやヴィシュヌの像をそのまま利用したと考える方が合理的である。仏像や神像といった宗教的偶像はその宗教の教えを説く手掛かりとなる絵解きのようなものである。仏教徒はヒンドゥー教徒の布教に当たって、既存のシヴァ神やヴィシュヌ神を用いて仏教の教えを説き、それらの神が時代とともに仏教的に整備されたものと考えられる。

注1　紀元一世紀の半ばに仏像が誕生　紀元前五世紀に釈迦が亡くなって以降、約五〇〇年の間は神や仏などの神聖な存在は姿が見えないものであり、これを人間の姿で表すことは恐れ多い、不謹慎であるという観念が支配的だった。このような考え方を偶像否定といい、仏教徒の間でもこのような考え方が支配的だった。偶像否定のタブーを破って仏像が造られたのは紀元一世紀の半ば、インド西北部のガンダーラ（現在はパキスタン領）でのことだった。

シヴァ神のリンガ信仰

「リンガ」とは「標識」や「記号」を意味するサンスクリット語であるが、ヒンドゥー教ではとくにシヴァ神の男根を表す。いわゆる男根崇拝は世界の原初的な宗教に見られ、日本では金精《こんせい》信仰と呼ばれて今も各地に男根を象《かたど》った石や木の造形物がまつられている。

男根と女陰との結合によって子どもがうまれることから、陰陽の二根は生産の象徴と見なされ、古今東西を問わず信仰の対象となってきた。とりわけ、インドではこのような性器崇拝が特異の発展を遂げ、さらにはウパニシャッドの哲学者たちが思想的

インドの路地のシヴァリンガ

な解釈を行ったことから、高度な宗教的象徴として位置づけられるにいたった。そして、リンガはシヴァ神そのものと見なされて信仰されるようになる。

サンスクリット語で女陰のことを「ヨーニ」というが、ふつうヨーニを象った皿のような台の上に、ヨーニを貫く形でリンガがまつられ、これにヒンドゥーは花やギー（八三ページを参照）を供えて礼拝する。インド各地のヒンドゥー教寺院で見られるほか、小さな祠《ほこら》にもまつられている。

リンガのようなシンボルを通して神や仏を想起する手法は、偶像否定時代（紀元前五世紀ごろから紀元一世紀の半ばごろ）の仏教でも見られる。この時代、釈迦の姿は菩提樹や法輪、仏足石《ぶつそくせき》（釈迦の足跡）などのシンボルで表され、仏教徒はシンボルを通して釈迦の姿を想起した。また、密教の曼荼羅《まんだら》の中に三昧耶《さんまや》曼荼羅というものがある。

これは如来や菩薩、明王などの姿をそのまま表現するのではなく、仏、菩薩の持っている持仏などで表すものである。たとえば、文殊《もんじゅ》菩薩を表すときにはその姿ではなく、この菩薩がトレードマークとして持っている剣で象徴的に表現する。礼拝者はその剣を見て文殊菩薩を想起するのである。

怪童クリシュナ

クリシュナはヴィシュヌの第八番目のアヴァターラとされ、『マハーバーラタ』をはじめとするインドの文学にしばしば登場し、今もヒンドゥー教徒の間で盛んな信仰を集めている。

クリシュナは紀元前七世紀ごろに北インドの西部に君臨したクシャトリヤ（武士階級）の首長で、部族の中の英雄として敬われていたという。そして、死後は神として崇められるようになり、ヴィシュヌのアヴァターラとしてさまざまな場面に登場する。『マハーバーラタ』の一章である『バガヴァッド・ギーター』では、主人公のアルジュナ王子の御者として登場し、血族間での殺し合いに戦意を失ったアルジュナを励まし、戦うことがクシャトリヤの本分であることを切々と説いてダルマを全うさせる。この場面はダルマを人生の目標に置くすべてのヒンドゥー教徒に感銘を与え、インド人の民族性に多大な影響を与え続けている。

幼少時代のクリシュナは牧童として牛の世話に専念していたという。つまり、牧童としてのダルマを果たすことによって、ヤーダヴァ族の英雄としての道が開けたのである。このように、幼少時代からの生涯が描き出されていることも他の神には見られない特徴であり、恐らくヤーダヴァ族の中にクリシュナのモデルとなる人物がいたとも考えられる。だからこそ人々が親近感を持ち、信仰がより増幅したと考えられる。

また、クリシュナは神界きってのプレーボーイとしても知られている。彼はしばしば牧女（牛の世話をする少女）を誘惑して草原に連れ出し、彼女たちと愛の戯れに興じる。牧女たちはいつも彼の出現を待ちわびている。彼女たちにとってクリシュナは軽薄な女たらしではなく、理想の男性像として映るのである。

男女間の情愛、さらには愛欲（性的欲求）は抑止しがたい人間の生き物としての本性である。しかし、これに制限をかけなければ世の中の秩序が乱れる。そこで、世界の宗教は厳しくこれを規制し、また社会的にも倫理的な面から監視し続けてきた。一方、人間は誰しも宗教や社会の規制に息苦しさを感じ、解放を求めているのが現実である。

そんな中でクリシュナは非道徳の誹《そし》りを恐れず、娘たちを解放してくれた。そんなクリシュナは数々の武勇伝に彩られた英雄であると同時に、性の解放の英雄としても尊崇を集めたのではないだろうか。

また、ギリシャ神話に登場する酒と収穫の神ディオニュソス（バッカス）は、クリシュナと同じように女たちを草原に連れ出して無礼講の祭を行ったといわれている。ディオニュソスの誘いに従って女たちは結い上げた髪を下ろし、ほとんど裸に近い姿で草原に赴き、撲殺した牛の皮を素手で剝《は》いで肉や内臓を生のまま貪《むさぼ》り食い、心行くまで酒を飲んだ。そして、そこには青年たちも加わって所かまわず性交に及んだという。

この破廉恥な集会はバッカナール（フランス語。英語ではバッカナリア、イタリア語ではバッカナーレ）と呼ばれ、一種の収穫祭のような祭として行われていたが、すでに紀元前二世紀には風紀を乱すとして禁止されたという。また近世のヨーロッパではこの神話に基づいて多くのオペラやバレエ音楽、管弦楽曲が作られた。ワーグナーのオペラ『タンホイザー』の中の「バッカナール」、ヴェルディのオペラ『椿姫』内の「バッカナーレ」、イベール作曲の管弦楽曲『バッカナール』

クリシュナ神

などである。

また、ディオニュソスはこの集会（祭）を世界中に広めることを目論《もくろ》み、遠くインドまで赴いたという話がある。紀元前三二六年に、マケドニアのアレクサンドロスがインド西北部のパンジャーブ地方に侵攻して以来、たびたびギリシャ人がインドにやって来た。そして、紀元前二世紀にはシルクロードが開かれると、西北インドにギリシャ人の王国が誕生した。ディオニュソスがインドまで足を延ばして奇祭の普及を図ったという話は、このようなギリシャとインドの交流の中で生まれたものと考えられる。

そして、互いの文化が影響し合って、クリシュナもディオニュソスもともに、娘を制約の多い日常から解放感に溢《あふ》れた非日常に誘うという似通った話が生まれたのかもしれない。ただし、ディオニュソスのバッカナールは活動的で暴力的である。先にふれたイベール作曲の『バッカナール』もテンポの速い躍動感に溢れた曲である。一方、クリシュナが草原で牧女と戯れる光景は静的で、牧歌的な雰囲気が漂う。これはもともとクリシュナがヴィシュヌの化身としてその温和な性格を受け継ぎ、さらには、旧来の祭式万能主義に対抗して、とくに生贄《いけにえ》（血の犠牲）を否定してアヒンサー（不殺生、非暴力）を強調したことによるのだろう。

また、クリシュナはバラモン教の教条主義や因習を否定し、すべての人が平等に参加できるバクティ運動の基を作った。このことによってカーストから解放された人々がクリシュナにバクティを捧《ささ》げ、クリシュナもそれによく応《こた》えてすべての人々に恩寵《おんちょう》を与えたのである。クリシュナは保守的な教条主義者からは悪童と見なされて、その非道徳ぶりを非難された。しかしカースト制度の下、がんじがらめに拘束された人々にとっては、正に救世主として篤《あつ》く信仰されたのである。

ハレー・クリシュナ

サンスクリット語で神のことを「ハリ」といい、ハレーは「神よ！」と呼びかける言葉である。つまり、ハレー・クリシュナとは「神であるクリシュナよ！」という呼びかけで、一種の真言、または、念仏のようなものである。一六世紀の初頭、チャイタニヤというヒンドゥー教ヴィシュヌ派の宗教改革者が現れ、ヴィシュヌ派の一派であるチャイタニヤ派を創始した。

この派の人々はヴィシュヌのアヴァタータラとしてのクリシュナに熱狂的なバクティを捧げ、恍惚《こうこつ》状態のうちに「ハレー・クリシュナ」をとなえて巡り歩いた。チャイタニヤ派の活動は、とくに最下層の女性の支持を得ることになり、彼女たちは一絃琴を奏でながらハレー・クリシュナをとなえて各地を巡歴した。

ハレー・クリシュナの運動はインド各地に広まり、一九六〇年代には欧米人の間でも受け入れられた。一九六〇年代は長期化するベトナム戦争に対する反戦運動が盛り上がる一方で、冷戦による大国主義に嫌気がさしたノンポリ（ノンポリティカル）、つまり政治的に無関心な若者が増加した。そして、彼らの一部は大国主義や教条主義から逃れるためにインドに向かったのである。恐らく彼らが目指したのは無一物で、一所不住の生活をするサンニャーシンだったと考えられる。

また、この時代にバクティヴェーダーンタ・スワミ・プラブパーダというクリシュナ派のインド人宗教家が渡米して「クリシュナ意識国際協会」というクリシュナ信仰の団体を設立した。これに共感した若者が黄色い衣を着て頭を辮髪《べんぱつ》のようにし、銅鑼《どら》や太鼓を打ち鳴らして「ハレー・クリシュナ」ととなえながら各地を巡歴した。

プラブパーダは入会に際して厳しい戒律を設けたが、若者たちの中には解放感に浸って無軌道な行動に及ぶものも少なくなかった。当時、この協会の欧米人の若者は日本でも見られたが、中には乱行が過ぎてトラブルを起こし、警察沙汰《ざた》になるものもいた。しかし、このようなクリシュナ運動は熱狂的に支持されたクリシュナ信仰の一面を示すものでもあった。

愛の神カーマ

サンスクリット語でカーマは「愛」、とくに「性愛（性的欲望）」を意味する言葉で、その抽象的な概念を神格化したのがカーマという神である。仏教やジャイナ教をはじめとする他の宗教で「愛」は煩悩の最たるものとして退けられる。しかし、ヒンドゥー教ではカーマはダルマ、アルタとともに人生の三大目的の一つとして重要視される。

カーマ・デーヴィー（愛の女神）と呼ばれ、女性の神とするが、一方でカーマはダルマ（正義）とシュラッダー（信仰）の息子、あるいは、天地創造の神ブラフマーの息子とされることもある。

カーマはあらゆる神々や人間に忍び寄って愛に導き、性的欲求を駆り立てるといわれている。彼（彼女）は愛の矢を射て情愛を喚起する。この矢に狙われると、どんなに持戒堅固《じかいけんご》なものでも、忽《たちま》ち恋心を起こし愛欲の虜《とりこ》になるという。ローマ神話のクピードー（英語でキューピッド）、あるいはギリシャ神話のエロースと似通っているが、これらの神が恋人達の恋愛を成就させるのに対して、カーマは本人の意志に関係なく情愛を駆り立てる。

カーマが現れると、矢に射られなくても見渡す限りの範囲にいる神や人間の情愛を掻き立てるという。カーマがある神に矢を射ろうとして近づいたとき、その場にいたすべての人が性的欲望を抑えられなくなって交合に及んだという。

また、『クマーラ・サンバヴァ』という物語には次のような話がある。神々を悩ますターラカという悪魔を撃退できるのはシヴァとパールヴァティーの間に生まれる子どもだけであると知った神々は、二人の下にカーマを差し向ける。苦行中にシヴァはカーマに矢を射られて一瞬心が揺らぐが、すぐに気を取り直して第三の眼から炎を放ち、カーマを焼き殺してしまった。以降、カーマは霊だけになって彷徨《さまよ》い、「アナンガ（身体無き者）」と呼ばれるようになったという。

カーマは別名「マーラ」とも呼ばれる。これは「破壊者」とも訳され悪魔の意味である。釈迦も悟りを開く直前、大勢の悪魔（マーラ）に悟りを開くのを妨害された。このとき、釈迦は一瞬心が乱れたが、定印《じょういん》（坐禅《ざぜん》のときの手の組み方）を解いて右手を地に着けたところ、地の神が加勢してくれて悪魔はことごとく退散し、同時に悟りを開いたという。このときの悪魔（マーラ）もカーマだったと考えられる。

ヒンドゥーの人生の三大目標であるカーマについては、古くからさまざまな分析、研究が行われてきた。インド人はあらゆる事象に対して分析、研究することを好むが、これらは「シャーストラ」という論書にまとめられている。そして、カーマについての多くの「カーマ・シャーストラ」が作られたが、中でもその集大成ともいわれるものが、四世紀ごろに作られた『カーマ・スートラ』という論書である。

七部からなるこの書は、先《ま》ず導入部として一般的な愛についての総論から始まり、第二部で性交について実践的、具体的に述べ、八八に及ぶ体位についても詳説する。第三部では求愛と結婚、第四部では妻の適切な行動、第五部は人妻について、婦女を誘惑する方法、第六部は娼婦《しょうふ》についてで、娼婦として身に付けておかなければならない教養や性的な技巧について述べ、第七部で人を引き付ける方法について述べる。

これを見て分かる通り、『カーマ・スートラ』の中には夫婦の付き合いから、人妻との不倫関係、娼婦との交わり、求婚や結婚についての心構え、さらには男女を問わず他人との付き合い方など、およそ人間がこの世の中で遭遇するであろう、あらゆる問題に関する指針を示している。このことからも、この書が単なる興味本位の春画的なものではなく、人間の本性として避けることができない性愛（カーマ）と適切に付き合うための指南書であることが分かるだろう。

繰り返しになるが、仏教をはじめほとんどの宗教は性的欲望を煩悩（悪魔）として徹底的に排斥する。これに対して、ヒンドゥー教はそれを受け入れ、付き合い方の指針を示している。これは世界の宗教の中でも極めて異例のことである。性愛（性的欲望）に対するヒンドゥー教のこのようなスタンスは、この宗教があくまでもヒンドゥーの生活や人生に根ざしたものであることによるということができるだろう。

性愛の情は並みの人間にはいくら抑えようとしても如何《いかん》ともすることができない。つまり、徹底的に否定して排斥することはできない。であれば、これを認めてよりよく付き合っていこうというのがヒンドゥー教の立場である。その意味で極めて合理的な宗教といえよう。

また、性愛を認めるこの立場は密教にも見られ、愛染明王《あいぜんみょうおう》はそれをよく表している。その名が示す通り、この明王は抑えることのできない愛欲を全面的に認め、その激しい情念のパワーによって悟りを開こうという明王（仏）である。密教は仏教がヒンドゥー教化したものであるといわれ、護摩なども今もヒンドゥー教の中で盛んに行われている祭儀である。日本の密教の尊格の中でも、とりわけ愛染明王はヒンドゥー教のカーマの影響を強く受けたものなのである。

川の神サラスヴァティー

サラスヴァティーは「弁才天」と訳されて、日本でも盛んに信仰されてきた神である。かつてインドに実在した同名の川を神格化した神といわれ、規則正しい韻律を刻む川の流れる音は音楽に譬《たと》えられ、一定のリズムを刻む川の音は理路整然と話される雄弁（弁術）に譬えられ、さらに、理路整然と語るものは頭も良いということで学問の神となった。また、水は作物の順調な生育を助けることから、五穀豊穣の神、さらに時代が進んで経済が発展すると豊穣は商売繁盛と結び付き、福徳の神として信仰されるようになる。

サラスヴァティーの起源は古く、すでにインド・イラン共同時代（概《おおむ》ね紀元前一五〇〇年以前）にまで遡《さかのぼ》るとされ、イランのゾロアスター教のアナーヒターという川の神と起源を一にするとも考えられている。アナーヒターにはハラフワティーという別名があるが、これがサラスヴァティーのペルシャ語読みとされている。

インドの神話では、創造神ブラフマーがサラスヴァティーを妻にしようとしたが、彼女はこれを拒否して常にブラフマーから逃れようとした。そこで、ブラフマーは自ら前後左右に四つの顔を創り出し、常にサラスヴァティーを見つめ続けた。ブラフマー像（梵天像）に四つの顔があるのはそのためだといわれている。ブラフマーから逃れられないと観念したサラスヴァティーは不承不承、妻となることを承諾したという。

現在でも、インドでサラスヴァティーは音楽や学問の守護神として盛んな信仰を集めている。そして、音楽の神としてのサラスヴァティーはヴィーナという民族楽器を持っている。ヴィーナはシタールと並ぶ古代からの弦楽器で、単なる楽器というよりも宗教的意味合いが強い。シタールは男性のみに、ヴィーナは女性のみが弾くことを許されている。

ラクシュミーとサラスヴァティー

シタールもヴィーナも代々、演奏を

してきた家系があり、そのトップは楽聖として仰がれている。とくにヴィーナの奏者はサラスヴァティーとの関連から神さながらの信仰を集める。ヴィーナは琵琶《びわ》の原型といわれ、漢訳して琵琶とされた。日本で見られる弁才天が琵琶を持つのも、インドのサラスヴァティーのヴィーナに由来する。

日本でのサラスヴァティー（弁才天）

サラスヴァティーは早くから進んだ神仏習合の中で、九州の宗像大社《むなかたたいしゃ》の宗像三女神と習合し、さらには日本古来の水の神である宇賀神《うかのかみ》とも習合して、極めて複雑な性格を帯びるようになった。

たとえば、安芸《あき》の宮島《みやじま》で知られる厳島《いつくしま》神社は、もともと航海の目印になる当山として信仰されていた。そこに航海守護の神としての宗像三女神が主祭神として勧請され、さらに河川を司る弁才天が祀《まつ》られ、後にはその他多くの祭神とともに宇賀神も祀られて文字通り神仏習合の信仰体制が醸成された。元来、この地の当山は単に「お山」といい、漢字で「御山」と表記していた。しかし、仏教由来の弁才天が祀られると御山を「みせん」と読み、「弥山」の字があてられるようになった。弥山は宇宙の中心に聳《そび》えるといわれている「須弥山《しゅみせん》」のことである。

また、この島は古くから「神を斎《いつ》く島」と呼ばれていた。「斎く」とは祀ることで、お山に降臨した神を祀る斎場だったのである。そして、勧請された宗像三女神の長女（ただし、記紀の記述は次女、三女としている）を市杵嶋姫命《いちきしまひめのみこと》というが、この市杵（イチキ）は「斎き」、すなわち神を「斎き祀る」という意味に通じることから、「斎き島」となり、この転訛《てんか》に「厳島」の字を当てたようである。中世以降、弁天信仰が盛んになると、厳島神社は江《え》の島《しま》、琵琶湖《びわこ》の竹生島《ちくぶしま》とともに「日本三大弁天」として盛んに信仰されるようになった。各弁天社には先の三神が祀られている。

平安時代の末に安芸の守《かみ》に任ぜられた平清盛《たいらのきよもり》は、小祠《しょうし》に過ぎなかった厳島神社を信仰するようになり、事変や合戦に勝利を収めるたびに社殿などを寄進し、現在のような壮麗な社殿の完成を見たのである。なお、弁才天は隣接する大願寺《だいがんじ》に祀られている。神仏習合時代（幕末まで）には厳島神社と大願寺は一体になっており、両寺社は混然となって信仰されていたのである。

三大弁天をはじめ、日本各地には極めて多くの弁才天[注1]が祀られている。そして、その多くが湖沼などの水辺に祀られているのは、弁才天が川（水）の神だからであると同時に、湖沼に神霊が宿るという日本古来の水神信仰に基づく。

このような神仏が混然とした信仰の中から、さまざまな庶民信仰が生まれた。たとえば、弁才天の縁日は「巳《み》の日」で江戸《えど》時代には巳年に百弁天参りが行われるようになった。今も弁天の縁日には蛇皮の財布などが売られるなど、弁天信仰と蛇は切っても切れない縁で結びついている。インドのサラスヴァティーは蛇との縁はないが、日本で弁才天と宇賀神とが結び付いたことによる。もともと宇賀神は湖沼に棲み付く蛇を神格化したもので、この日本古来の蛇神信仰が弁天信仰の中に入り込んだのである。さらに近世には、白蛇が弁才天の使いとされ、各地に白龍《はくりゅう》弁天が祀られるようになった。

また、弁天信仰が佳境に入った江戸時代には、男女で弁才天に参詣《さんけい》してはならないといわれるようになった。弁才天は独り身の女性で嫉妬《しっと》深く、しかも執念深い蛇の性格を持っているから、男女で参詣すると嫉妬に燃えてどこまでも追いかけて来て仲を引き裂くとされたのである。

注1　弁才天　室町時代の終わりごろからは、専ら商売繁盛の神として信仰されるようになり「弁財天」の字があてられるようになった。

インドラ

インドラの起源も古く、インド・イラン時代にまで遡ると考えられている。雷を神格化したもので、インドに侵入したアーリア人はこの神を理想的戦士として崇拝した。すでに『リグ・ヴェーダ』の中にインドラを讃《たた》える多くの讃歌《さんか》が数多く掲載されている。ソーマ酒▼注1を飲んで英気を養い、暴風神マルト神軍▼注2を従えて手にヴァジュラ（金剛杵）▼注3を持って空中を飛翔して悪神を退治する。

ヴェーダにはさまざまな神話が語られているが、中でも最もよく知られているのは蛇神ヴリトラを退治したことである。ヴリトラは巨大な蛇で、かつてヒマラヤの中腹に蜷局《とぐろ》を巻き雪解け水を堰《せ》き止めたため、麓《ふもと》の住民が水不足に悩んでいたという。これを憂慮したインドラはヴリトラと戦い、ヴァジュラでヴリトラの身体を真っ二つに切り裂いた。これによって麓に水が潤沢に行き渡るようになったという。そのことからインドラは「ヴリトラの殺戮《さつりく》者」と呼ばれて称賛されている。

また、悪神の代表とされるアスラと戦った話も有名である。娘を略奪されたことに激怒したアスラがインドラに戦いを挑んだ。熾烈《しれつ》な戦いの中で狡猾《こうかつ》なアスラは太陽を背にして戦い、インドラは目が眩《くら》んで不利な形勢になった。そのとき、陽炎《かげろう》が立って太陽の光を遮り、インドラに勝利をもたらしたという。

陽炎のことをマリーチといい、これを神格化した神は中国で「摩利支天《まりしてん》」と訳され、仏教とともに日本に伝えられ、護身の神として武士の間で信仰された。東京御《お》徒町《かちまち》駅のすぐ近くに摩利支天をまつった寺があるが、御徒町はかつて「徒歩《かち》組」という捕りもののときに最前線で犯人捕縛に当たる役人の長屋があった場所である。常に命が危険に晒《さら》される彼らが、無事を祈願してまつったものである。

インドの他の神々がそうであるように、インドラの性格も時代とともに変遷する。『リグ・ヴェーダ』時代の神々の中でも絶対的な権威を持つインドラ像は、紀元後に作られるようになった「プラーナ」の中では、シヴァやヴィシュヌに対する信仰に圧倒される形でその権威は弱められていく。自らの力に酔い痴《し》れて慢心したインドラは、しばしば聖仙や他の神々を見下して愚弄《ぐろう》し、彼らの怒りを買って呪いの呪縛《じゅばく》により窮地に陥る。インドラはその都度、シヴァやヴィシュヌ、ブラフマーに助けを求めるのである。

プラーナは聖仙たちによって語られたスムリティ（二八～二九ページを参照）で、そこには民間に流布していた神話や伝説、昔話など多様な話が含まれている。それらの話を吸収していく中で、インドラの性格も変容していったのである。

また輪廻《りんね》転生説が発展していく中で、神々も輪廻転生を免れることはできず、過去から積み上げた福果が尽きると人間界などに転生すると考えられるようになった。とりわけ、インドラは多くの過失や怠惰の結果、人間界に堕《お》ちるという話も語られるようになった。一方、それとは逆に凡夫（ふつうの人間）でも善行を積めばインドラとなって天界に生まれ変わることもあるとされるようになったのである。

注1　ソーマ酒　インドの神話でしばしば神々に供えられる蜜《みつ》のように甘く、万病の妙薬と

される飲食物。ソーマ草といわれる植物を磨《す》り潰《つぶ》し、これに蜂蜜や乳などを加えたものとされるが、その実態は不明である。ソーマは「甘露」と漢訳され不死の霊薬とされている。

注2　マルト神軍　暴風雨を神格化した神で、インドラに従って宇宙を飛翔する。兄弟ともいわれることから常に神群といわれる。

注3　ヴァジュラ　「堅固なもの」という意味で、あらゆるものを貫くダイヤモンド（金剛石）に譬えられる。稲妻を象った古代インドの武器で金剛杵《こんごうしょ》と訳され、インドラは常にヴァジュラを携行して敵と戦う。このことから、インドラは「ヴァジュラ・パーニ」「ヴァジュラを持つもの」、「執金剛神《しゅこんごうしん》」と呼ばれる。

仏教の中のインドラ（帝釈天）

インドラは仏教に取り入れられて「帝釈天」と呼ばれ、梵天（ブラフマー）とともに釈迦のガードマン役を担うことになった。ガンダーラなどの釈迦の一代記を表したレリーフでは、釈迦の両脇に必ず梵天と帝釈天が描かれている。梵天の方が年長で釈迦のご意見番的役割を果たすのに対して、帝釈天は釈迦の全行動の目撃者として働く。帝釈天は衣の下に薄い鎧《よろい》を着けており戦闘神であることを示している。

つまり「誕生、出家、苦行、悟り、説法、涅槃《ねはん》（死）」に至る釈迦の全人生におけるあらゆる場面を見聞し、その証人となる。たとえば、釈迦が菩提樹の下で偉大な悟りを開いたり、最初の説法をしたことを確実に見届けて、それが本当にあったことだと立証するのである。

また、釈迦の前生を語った「ジャータカ」という仏教説話の中には、帝釈天がさまざまな姿に変身して釈迦の修行への取り組みや万人救済の意志が本物であるかどうかを試す話が多く見られる。たとえば、雪山童子《せっせんどうじ》という少年が深山で修行をしていたとき、「諸行無常《しょぎょうむじょう》　是生滅法《ぜしょうめつぽう》（この世の中は常に生々流転して、一刹那《せつな》たりとも留《とど》まることがない。それがこの世のありのままの現実である）」という仏教の根本的な教えを示す有難い言葉が聞こえてきた。この言葉を聞いて、雪山童子は悟りに至る大きなヒントを得たとして大いに喜んだ。しかし、この言葉は現実のありのままの姿を示したもので、どうやったらその現実から抜け出すことができるのか、ということが示されていない。

雪山童子は、そのような現実から抜け出す実践的な方法があるだろうと考え、さらに声の主にそれを教えてくれるように問いかけた。すると恐ろしい夜叉《やしゃ》（鬼）が現れ、「お前がそのように懇願するなら教えてやらないでもないが、今、私は腹が減ってたまらない。ついては、教えた後にお前を食べさせてくれれば教えてやろう」と言った。

これを聞いた雪山童子は、悟りに至ることができるなら浮世のこの命など物の数ではないと考え、二つ返事で同意した。夜叉はこれに応えて「生滅滅已《しょうめつめつい》　寂滅為楽《じゃくめついらく》（生々流転して移り変わることの止まない〈無常〉という現実への執着を滅し終われば、何にも煩わされることのない寂静《じゃくじょう》の世界（悟りの境地）に至ることができる」という下の句を示し、それと同時に本来の姿を現わした。

すなわち夜叉は帝釈天で、雪山童子の求道心がどれほどのものかと試したのであった。この話は「施身聞偈《せしんもんげ》」といわれ、仏教の教えの真髄を示したものとして重要視され、仏教説話の中でも人気のある話である。

さらに「捨身飼虎《しゃしんしこ》」という有名な物語がある。釈迦が前生、ある国の王子だったとき、山に遊びに行った。そして、山中の深い谷底で飢えた虎の親子が今にも息絶えそうになっている姿を発見した。これを哀れんだ釈迦は崖《がけ》の上から飛び降り、自らの身体を餌食《えじき》にして虎の親子を救おうとした。釈迦が崖から飛び降りるのを見た帝釈天は、落下する雪山童子を受け止めて崖の上に連れ戻す。飢えた虎の親子は雪山童子が如何《いか》に真剣に他者を助けることができるか、すなわち、如何に他者に対して犠牲的精神を発揮できるかを試したのである。飢えた虎の親子は帝釈天が創った幻影（イリュージョン）だった。

アスラ（阿修羅）

『リグ・ヴェーダ』の時代から神々のことを「デーヴァ」と称するが、古くはアスラもデーヴァの一族だった。しかし、デーヴァが融和的で親しみやすい性格であるのに対して、アスラは呪術《じゆじゆつ》的で近寄りがたい性格を示していた。これはヴィシュヌ神が救済を、シヴァ神が破壊の性格を帯びていたこと、また日本の神に和魂《にぎみたま》と荒魂《あらみたま》の性格が具《そな》わっているように、一つの神の二面性を示すものかもしれない。

すでにヴェーダの神話の中でアスラは一族を形成していたが、その中には暴風神ルドラやすべてを焼き尽す火神アグニ、陶酔をもたらす神酒の神ソーマなど破壊的な性格を持つ神々が名を連ねている。そして時代が下ると、アスラは「悪魔」を意味するようになり、デーヴァと敵対するようになる。

デーヴァは宇宙の秩序と人間の倫理の規範である「リタ（天則）」を守る護法神であるが、アスラはしばしばリタに従わずに神々に牙《きば》を剝《む》く。そして、アスラの威力は次第に強大になり、デーヴァ（神々）を圧倒するようになった。

このことを憂慮した神々は、乳海を攪拌《かくはん》して活力の源である「アムリタ（甘露）」を得ようとした。しかし、神々の力だけでは広大な乳海を攪拌することができなかったため、アスラに協力を求めた。

アムリタは不死の妙薬である。これを飲めば永遠の生命を保つことができると知ったアスラは、この時ばかりは神々に協力することを誓った。ところが、邪《よこしま》なアスラはいざアムリタが得られるやこれを横取りして独り占めしようとした。神々は総力を挙げてアスラを追跡してアムリタを取り戻し、これを飲んで不死を得ることができたが、アムリタを飲むことができなかったアスラは不死を得ることができなかったという。

智慧の神ガネーシャ

ガネーシャはシヴァとその妃のパールヴァティーとの間に生まれた子どもとされており、「ガナパティ」とも呼ばれている。象の頭に太鼓腹の人間の身体、四本の腕があり、片方の牙が欠けた姿の像が造られる。

あるとき、パールヴァティーが沐浴《もくよく》の折、ガネーシャに人が覗《のぞ》かないように見張り役を命じた。沐浴の最中に夫のシヴァが帰宅して沐浴の場に入ろうとした。するとガネーシャはシヴァと気づかずに強硬に入室を拒否した。これに激怒したシヴァは自分の子どもと知らずにガネーシャの首を切り落として力任せに遠くに投げやった。その後、シヴァは自分の子どもの首を切ったことを知り、象の首を切り落としてそれをガネーシャの頭に据えた。以来、ガネーシャは象頭人身になったという。

また、ガネーシャの片方の牙が欠けているのは、次のような理由によるとされている。シヴァがカイラーサ山で昼寝をしていたとき、ヴィシュヌの六番目のアヴァターラで聖仙のパラシュラーマが面会に訪れた。シヴァの眠りを妨げまいとしたガネーシャが阻止すると、怒ったパラシュラーマが斧《おの》を投げつけた。これをガネーシャは右の牙で受けて牙が欠けてしまったという。

ガネーシャ

今もインドでは、ガネーシャはさまざまな障害を取り除いて福徳をもたらしてくれるとされ、学問や商売繁盛の神として盛んに信仰されている。学問の神とされるのは聖仙ヴィヤーサが語る『マハーバーラタ』を筆記し、三年で完成させたとされることに由来する。

また、インドで刊行される研究書や文学書の見開きのところには、象頭人身のガネーシャが描かれ「この本をガネーシャに捧《ささ》げる」といった意味の文句が書かれている。学問の神としてのガネーシャは今も健在なのである。

日本におけるガネーシャ（歓喜天・聖天）

ガネーシャは「歓喜《かんぎ》天《てん》」「大聖《だいしょう》歓喜天」と漢訳され、日本では中世以降、「聖天《しょうでん》さま」として主に民間で盛んに信仰されるようになった。日本では学問の神としての性格は薄れ、専ら商売繁盛の神として信仰されている。特に水商売で敬われ、江戸時代には遊郭の経営者などに盛んに信仰されるようになった。

インドの神話には、ガネーシャがシヴァ神を抱いてその怒りを鎮めたという話がある。そのことから、象頭人身の二体が抱擁する姿の像が造られるようになったようだ。そして、日本の聖天像のほとんどすべては二体が抱擁する姿のもので、そのことが男女の交わりを表し、遊郭の経営者などに信仰されるようになったものと思われる。

東京・浅草《あさくさ》の浅草寺《せんそうじ》北側を流れる隅田川《すみだがわ》沿いには「待乳山聖天《まつちやましょうでん》」という寺があり、その西側には吉原《よしわら》の遊郭があった。吉原の遊郭は当初、日本橋人形町《にほんばしにんぎょうちょう》のあたりにあったが、その後に浅草へ移転した。待乳山聖天自体は、推古《すいこ》天皇の時代に浅草寺に先駆けて十一面観音の化身とされる大聖歓喜天（聖天）を祀ったと伝えられているが、吉原移転のころから商売繁盛の神として盛んに信仰されるようになったものと思われる。

待乳山聖天は海抜一〇メートルほどの小山の上にあり、ここはかつて浅草寺の開基のひとり土師真中知《はじのまつち》の館《やかた》があった所とされている。江戸時代に聖天信仰が盛んになると、二体が抱擁する聖天にエロチックなイメージが加味して「真土」に「待乳」の字を当てたようである。

また、聖天（歓喜天）は大根が好物とされ、大根を持つガネーシャ像も見られ、供物には大根が欠かせない。大根は解毒作用があって身体を清浄にすることから、心身を清浄にしてくれる聖天の働きを象徴するとされている。待乳山聖天に限らず、聖天にはエックス型に交差させた大根が神紋のようにして描かれ、宝前には大根が供えられる。

女神ドゥルガー

ヒンドゥー教の女神で外見は極めて美しいが、残忍無比の戦いの神で、シヴァ神の妃パールヴァティー（ウマー）と同一視されている。神話によると、かつてアスラ族の王に攻められて敗走したマヒシャースラという天界の神々がシヴァ神とヴィシュヌ神に助けを求めた。▼注1するとシヴァとヴィシュヌは大いに怒り、眉間《みけん》から光を発し、これに呼応して他の神々も光を放った。その光が一つにまとまって強大なエネルギーとなり、光の集合の中から生まれたのが、凄まじい破壊力を持つドゥルガーだといわれている。

ドゥルガーはシヴァ、ヴィシュヌをはじめとする神々から三叉戟《さんさげき》や槍、弓矢や剣など数々の武器を与えられてマヒシャースラの軍勢に立ち向かい、見事、勝利を収めたという。

しかし、マヒシャースラの敗北に憤った同じアスラ族のシュムバ、ニシュムバの兄弟が、雪辱を果たすために天界の神々を襲った。はじめ、兄弟が神々を圧倒したが、激戦の中でドゥルガーは激しく怒り狂った。そして、彼女の怒りからカーリーという全身真っ黒な恐ろしい形相の神が生まれ、彼女がアスラの軍勢を悉《ことごと》く破って天界を奪還した。

カーリーは「黒」「時（時間）」を意味する「カーラ」という語の女性形で、「黒い女神」という意味である。また、男性形のカーラは「黒い男神」という意味で、日本でも信仰されている大黒天《だいこくてん》のことである。

インドで見られるドゥルガー像は美形で額にタテに目を刻み、一〇本ないしは一八本の手を持ち、獅子《しし》（ライオン）に乗っている。中にはマヒシャースラを足蹴《あしげ》にしている像も見られる。

このように邪悪なものを足蹴にするという姿は、密教の五大明王の一尊である降三《ごうざん》

ドゥルガーとカーリー

世明王《ぜみようおう》にも見られる。密教の説話では、大日如来《だいにちにょらい》はシヴァ神とパールヴァティーの夫妻を仏教に改宗させてヒンドゥー教世界を救おうとした。そして、腹心の金剛薩埵菩《こんごうさったぼ》薩《さつ》に命じて出現させた化身が降三世明王であるという。しかし、夫のシヴァ神は仏教の真理を疑う「見惑《けんわく》」に、妃のパールヴァティーは仏教の教えを曲解する「修惑《しゅわく》」に囚《とら》われて素直に改宗に望まなかった。そこで、降三世明王は二人を踏みつけて強引に教え導いたとされている。また、シヴァはきつく、パールヴァティーは緩やかに踏みつけられている。これは硬軟を織り交ぜて教化することを表しているという。

ちなみに四天王も足下に邪鬼を踏みつけているが、この邪鬼も心の迷いや煩悩であり、その淵源《えんげん》するところは降三世明王にあるのかもしれない。

注1　シヴァ神とヴィシュヌ神に助けを求めた　日本の神にも言えることだが、インドでは神によって力量にかなりの差があり、下位の神から上位の神まで厳然としたヒエラルキーが存在する。ここでは、下位の神はアスラの攻撃に耐えることができなかった。そこで、最高神のシヴァ神とヴィシュヌ神に助けを求めたのである。

神猿ハヌマーン

ハヌマーンはインドの神話に登場する神猿で、叙事詩『ラーマーヤナ』では主人公のラーマ王子を助けて大活躍をする（九四〜九六ページを参照）。ラーマ王子は偉大な武力と知恵を具え、人生の目標であるダルマを完璧《かんぺき》に実行する。彼は理想の人間としてヒンドゥーの間で絶大な支持を集めている。そのラーマを助けたハヌマーンは、人間をはるかに超えた英雄として圧倒的な人気を博しているのである。

風の神ヴァーユがアンジャナーという天女との間に儲《もう》けた子どもとされており、身体の大きさや姿を自在に変えることができ、雷鳴のような鳴き声を発しながら天空を飛翔するといわれる。インドでは四つの赤い猿の顔と一つの人間の顔、一〇本の手を持つ姿の像がよく見られる。

神話によると、あるとき太陽を果物と間違えたハヌマーンが天界に上って行った。突然の侵入に怒ったインドラがヴァジュラ（金剛杵）で顎《あご》を砕き、ハヌマーンは転落して死んだ。これに激怒した父親のヴァーユは風を止めてしまい、その結果、地上では多くの人間と動物が酷暑などのために死んだ。

このことを憂慮した神々はヴァーユに許しを請い、何でも願いを叶えることを約束した。するとヴァーユはハヌマーンを生き返らせた上で、神々と同じ不死と何ものにも打ち破ることのできない強靭《きょうじん》な身体、そして優れた叡知《えいち》を与えることを要求した。神々もこれに応じ、ハヌマーンは生き返り不死を得た上に、以前にも増して強靭な肉体と叡知をそなえることができた。これを見届けたヴァーユは再び風を吹かせ、世界

ラーマとラクシュマナをランカー島へ運ぶハヌマーン

は平穏を取り戻したという。

ハヌマーンは単に高潔で近寄りがたい英雄ではない。彼の活躍はしばしばユーモアに満ちた筆致で描かれており、ときにシャイであったり強情をはったりと、その性格や行動は猿でありながら人間味に溢れていて親しみやすい。そんなところにも人気の秘密がある。

インドの郊外などでよく見られるハヌマーンラングールというオナガザル科の霊長類が神猿ハヌマーンと目され、ヒンドゥー教寺院などでは手厚く保護されて境内を我が物顔に闊歩《かっぽ》している。また、ニューデリーなどの都市の一角にある公園には大型の猿が棲み付いているが、誰一人追い払ったりする者はいない。ヒンドゥーは猿にハヌマーンのイメージを重ね合わせ、温かい眼差《まなざ》しを向けているのである。

『ラーマーヤナ』はタイやインドネシアをはじめとする東南アジアの諸地域にも伝えられ、これらの国や地域でもハヌマーンは絶大な人気を博している。また、『ラーマーヤナ』は中国にも伝えられ、『西遊記《さいゆうき》』の孫悟空《そんごくう》はハヌマーンの影響を受けているといわれている。

ラクシュミー（吉祥天）

美と富と豊穣を司る女神でヴィシュヌ神の妻であり、神々が不死の妙薬であるアムリタ（甘露）を求めて乳海を攪拌したときに生まれたとされている。ヴィシュヌは多くのアヴァターラ（変化身）を表すが、ラクシュミーもヴィシュヌのアヴァターラに呼応して変身するといわれている。

また、アヴァターラとともに種々の別名を持ち、「シュリー」「パドマーヴァティー」「チャンチャラ」などと呼ばれる。シュリーは「吉祥、幸運」、パドマーヴァティーは「蓮華《れんげ》を持つ女」、チャンチャラは「幸運の女神」という意味である。美しい顔に均整の取れた豊満な肉体を持ち、肌は蓮華色（ピンク色）で、蓮華で作った衣を着るといわれ、パドマーヴァティーの名が示すように蓮華を持っている。

今もインドでは商売繁盛の神として盛んに信仰され、毎年、一〇月から一一月に五日間、ラクシュミーを讃える「ディワリー」という祭典が行われる。祭の期間中、各家々や公共の建物などあらゆる場所で趣向を凝らした灯火が灯《とも》されることから「光の祭典」とも呼ばれている（一四四ページを参照）。

仏教に取り入れられて「吉祥天《きちじょうてん》」と漢訳され、早い時代に日本にも伝えられた。仏教の吉祥天は毘沙門天《びしゃもんてん》の妻とされ、しばしば毘沙門天と対像に造られる。日本では弁才天とともに信仰されたが、中世以降は弁才天の人気に押されて吉祥天の信仰は衰えた。

ナーガ信仰

サンスクリット語でナーガは「蛇」のことで、中国では架空の生き物である「龍」と訳された。その生態が謎に満ち、神秘的な様相を呈する蛇に対する信仰は世界中に見られるが、インドでは古くからナーガ族という蛇を崇める種族が広範囲に分布し、勢力を固持していたとされている。

すでに『リグ・ヴェーダ』の神話の中に登場するが、『マハーバーラタ』などではナーガが表舞台に登場してくる。『マハーバーラタ』では、主人公のアルジュナの孫であるパリクシット王はダルマを堅持し、臣民からも慕われていた。狩猟を好むパリクシット王はあるとき、森で一頭の鹿を射たが、鹿は森の奥深くに逃げ去った。パリクシット王はその鹿を求めて森を彷徨っているうちに、一人の聖仙に出会った。聖仙は樹下で深い瞑想《めいそう》に入っていた。王はその聖仙に声をかけたが、無言の行に入っていた聖仙は返事をしなかった。王はそれに気づかず、無礼な奴と思って怒りに囚われ、近くに横たわっていた蛇の死骸《しがい》を肩にかけるという侮辱的なことをして立ち去った。

聖仙にはシュリンギンという短気な息子がいたが、彼は父親が侮辱されたことを聞くと激怒した。シュリンギンはまだ若いが、苦行を積んで父親に劣らぬ霊力をそなえていた。彼はタクシャカという龍王が七日後にパリクシット王を焼き殺すという呪いをかけた。

その呪いの言葉通り、パリクシット王は七日後に毒蛇のタクシャカに噛《か》まれて死んだ。そして、王位を継いだ息子のジャナメージャヤは後日、父王が毒蛇のタクシャカに噛み殺されたことを聞いて激怒し、タクシャカ龍王への復讐《ふくしゅう》を誓った。そして、ジャナメージャヤ王は国中から優秀なバラモン（祭官）を集めて、蛇を生贄とする「蛇供」という大掛かりな祭祀を執行したのである。

蛇たちは悉く祭火の中に投げ込まれて激しい苦痛のうちに最期を遂げ、一億ものナーガ族が犠牲になった。このことを憂慮し一族の滅亡に危機を抱いた龍王たちは、一族救済の方策を協議した。その結果、ナーガ族の血を引くアースティーカというバラモンに最後の望みを託すことにした。アースティーカはまだ子どもながら、いかなる聖仙にも勝る霊知をそなえていた。

依頼を受けてナーガ族の命運を一身に担ったアースティーカは、早速ジャナメージャヤ王の蛇供の場を訪ねた。ジャナメージャヤ王はアースティーカの類稀《たぐいまれ》な高貴な姿を見て鄭重《ていちょう》に迎え入れた。そして、ジャナメージャヤ王はアースティーカに何でも望みを叶えてやることを約束した。

そこで、アースティーカは蛇供を止めるように進言する。これに対して、ジャナメージャヤ王はそれだけは叶えることができないから他の望みを言えという。しかし、アースティーカは蛇供を中止することだけが自分の望みで、そのためにここにやって来たのだと言って一歩も引かない。このやり取りが長く続いたが、両者は一歩も譲らなかった。その様子を見ていたバラモンたちはアースティーカの極めて高潔な態度に共感し、王に彼の望みを叶えるべきことを進言した。ジャナメージャヤ王もヴェーダに精通するバラモンたちの意見に同意した。そして蛇供は打ち切られ、ナーガ族は命脈を保ったのである。

蛇を神聖視して崇拝するのはアニミズム的な基層宗教といわれるもので、世界中の原初的な段階に見られ、今も地域によって根強く残っている。ヴェーダ聖典を携えてインドに侵入してきたアーリア人は、土俗の信仰を持つ現地人に遭遇してその教化を図った。しかし、非アーリア系の現地人たちは自らの信仰を頑《かたく》なに守り、一方のアーリア人もヴェーダの宗教を強要しようとして争いになった。力に勝るアーリア人は強引に教化を進めようとしたが、結局、土俗の信仰を排除することができず妥協することになった。上掲の『マハーバーラタ』の逸話はその間の事情を示すものとして興味深い。

このようなドグマ無き基層宗教と、いわゆる「成立宗教」とのせめぎ合いは、どこの国にも見られることである。日本でも明治《めいじ》維新の神仏分離のときには、維新政府は国家神道への統一を図って神仏習合の民間信仰の排除に血道を上げた。しかし、国家権力を背景に強硬手段を講じても、土俗の民間信仰を完全に排除することはできなかった。『マハーバーラタ』の蛇供の話を明治維新当時に当てはめれば、ジャナメージャヤ王は維新政府、焼き殺される蛇は民間信仰に当たる。現に維新政府は神社などに祀られていた仏像や経典などを焼き払い、村はずれに祀られていた道祖神や地蔵を破壊するという蛮行をやってのけたのである。

仏教の龍王

釈迦は最初の説法をした後に、当時、一大勢力を保持していたカーシャパ三兄弟を訪ねた。兄弟の館には火神堂という堂があり、釈迦はそこで一夜を過ごすことを申し出る。兄弟は火神堂には毒龍（毒蛇）がいるから必ず嚙み殺されると忠告するが、釈迦は意に介さず入って行く。案の定、夜になると床下から毒龍が出て来て火炎を吐いて釈迦を襲った。しかし、坐禅を組んで深い瞑想に入っていた釈迦も火炎を吐いて毒龍を撃退した。カーシャパ三兄弟とその一族は、自分たちが崇拝している毒龍が退治されたのを目の当たりにして、釈迦を礼拝して仏教に深く帰依したという。

釈迦の伝説的な伝記を綴《つづ》った仏伝文学の中で、カーシャパ三兄弟は「事火外道《じかげどう》」とされている。事火外道とはゾロアスター教のことであるが、兄弟が守っていた「火神堂」はヴェーダ以来の火祭（アグニホートラ）を行う場所と考えられ、毒龍はその聖火を守る蛇だったと考えられる。従ってカーシャパ一族は蛇神《じゃしん》信仰を持つナーガ族の一類だったと考えて差し支えないだろう。

先にも述べたようにナーガ族は頑なに蛇神信仰を固持し、仏教の布教もなかなか進まなかった。そこで釈迦が直々に赴いて神通力を示し、それに感服したナーガ族が仏教に帰依した。カーシャパ三兄弟の話は、そんな仏教の布教の事情を物語るものと考えられる。

また、釈迦は悟りを開いた後、数日にわたって法悦（悟りの境地の喜び）に浸っていたが、その間に暴風雨に見舞われて雨風が菩提樹下の釈迦を容赦なく打った。このとき八人の龍王が現れ、鎌首を擡《もた》げて傘のようにして釈迦を暴風雨から守ったという。仏教に敵対していたナーガ族が完全に仏教の守護神となったのである。

そして、この八人の龍王は「八大龍王」と呼ばれ日本にも伝えられて今も各地に祀られている。八大龍王中でも沙羯羅《しゃがら》龍王と難陀《なんだ》龍王の像がよく見られ、興福寺《こうふくじ》の八部衆[▼注1]の中には、頭上にふつうの蛇を頂いた沙羯羅龍王像が、浅草の浅草寺のお水舎《みずや》には中国風の龍を頂いた難陀龍王像が祀られ、その口から水が流れ出ている。

注1　八部衆　「天龍八部衆《てんりゅうはちぶしゅう》」といわれる仏を守護する神々で、阿修羅《あしゅら》、五部浄《ごぶじょう》、沙羯羅龍王、鳩槃荼《くばんだ》、乾闥婆《けんだつば》、迦楼羅、緊那羅《きんなら》、畢婆迦羅《ひばから》の八衆からなる。興福寺の像（奈良時代、国宝）が有名で特に阿修羅像は絶大な人気がある。

その他のヒンドゥー教の神々

ヴァルナという神は宇宙の秩序である「リタ（天則）」を支配する神である。リタとは絶対に曲げることのできない宇宙の真理で、これを支配するヴァルナは宇宙で起きるすべてのことを知っている。たとえば、地球の裏側で羽毛の上に細い針が落ちた音も聞き逃さないといい、天則に反したものは腹水が溜《た》まる罰を与えられる。この神は人間の倫理、道徳のご意見番ともなり、人々に恐れられたのである。

創造神としてはブラフマー、プルシャ、プラジャーパティーなどが挙げられるが、中でもトヴァシュトリはヴェーダの神話では世界で最初に出現した創造神とされている。彼はインドラのためにヴァジュラを作り、神酒ソーマを守るともいわれている。トヴァシュトリは単に世界の全体を創造したのではなく、より具体的にさまざまなものを造り出した工作の神としての性格が与えられている。このことは、日本の大国主《おおくにぬしの》命《みこと》がモノ作りの神として崇敬されていることと類似している。

　また、トヴァシュトリは死後の世界を司るヤマとその妹のヤミーを生んだことでも知られ、ヤマはしばしば大工として王宮の建築を行ったことが神話などに描かれている。トヴァシュトリやヤマと同じく、モノ作りの神として神話などに登場するのがヴィシュヴァカルマンである。『ラーマーヤナ』ではこの神がランカー島（現在のスリランカ）の羅刹《らせつ》の都城を建設したとされている。

　このほか、神話などには上述の神々よりも下級の半神族（神と人間の中間的存在）が登場する。たとえば天女アプサラスとその伴侶《はんりょ》（愛人）であるガンダルヴァがいる。アプサラスは水辺に憩う妖精で、天界にあるインドラの楽園で愛人のガンダルヴァとともに歌舞音曲を楽しんでいるというが、時として地上に下りて来て人々の前に姿を現す。

　彼女たちは物語に彩を添える役割を果たすが、一方でしばしば情欲に駆られて人間の男性に近づき、人心を乱すこともある。中国に伝えられて敦煌《とんこう》の壁画などには天女として描かれ、これが日本にも伝えられて「羽衣伝説」などを生んだようである。また、日本でも阿弥陀堂《あみだどう》内の壁画や仏像の光背などに表され、薬師寺《やくしじ》の三重塔の水煙《すいえん》にも天女が表されている。

　アプサラスの伴侶のガンダルヴァは、半神半獣の神で大勢の神々の前で常に美しい音楽を奏でることを役職としている。上半身は逞《たくま》しい人間の男性で下半身は鳥である。ギリシャ神話のケンタウルスに類似するが、ケンタウルスは乗馬の習慣のない部族が人が馬に乗っている姿を見て半神半獣（半神半馬）と勘違いしたことに由来するともいわれている。また、半神半獣の下級神としては極楽浄土に住む迦陵頻伽《かりょうびんが》がいる。しかし、こちらはサンスクリット語の「カラヴィンカ」の音写語（サンスクリット語の音を漢字の音で写したもの）でガンダルヴァとは別物である。

ガンダルヴァは仏教では仏を守護する八部衆の一神に数えられ、「乾闥婆」と音写される。興福寺の八部衆像のなかの乾闥婆は獅子の冠を被《かぶ》り、両手で何かを持つ姿に造られている。手には何らかの楽器を持っていたと思われるが、今は欠落している。乾闥婆はインドラの宮殿で笙《しょう》を吹くとされていることから、元は笙を持っていたものと考えられる。

また、阿弥陀如来が大勢の菩薩を引き連れて臨終者を極楽浄土に迎えに来る光景を描いた「阿弥陀来迎図《らいごうず》」という画像がある。これらの随伴者は「雲中供養菩薩《うんちゅうくようぼさつ》」といわれているが、菩薩の名で呼ばれているものの、アプサラスやガンダルヴァの仲間で、みな笛や竪琴《たてごと》などの楽器を携えている。

祈願ごとに祭神が変わる

以上の下級神はさまざまな欠陥があって、ときに人を惑わすこともあるが、概ねインドラなどの上級神に従順に仕える善神である。これに対して常に神々に敵愾心《てきがいしん》を抱いて戦いを挑み、人間を恐怖に陥れる「鬼神」といわれる悪神もいる。悪龍ヴリトラ、ダーキニー、ヤクシャなどその数は多い。

悪龍ヴリトラはアスラの手下でインドラと戦ったことで知られており、非アーリア系のナーガ族の蛇神信仰から生まれた鬼神と考えられる。ダーキニーは啖食魔《たんじきま》ともいわれる邪鬼で、人の死を六ヵ月前に察知し、その人が死ぬと肝を抉《えぐ》り出して食べるという。日本では死肉を漁《あさ》るということがキツネの習性に見られることから、稲荷神《いなり》と結び付き、時代が下ると稲荷神そのものと考えられるようになった。

ヤクシャは鬼神の総称でもあり、音写して「夜叉《やしゃ》」と訳される。さまざまな種類のヤクシャがおり、神話の中では常に神々に敵愾心を抱いて攻撃を仕掛ける。とくに仏教ではアスラ（阿修羅）がヤクシャの固有名詞とされ、先にも述べたようにインドラと戦った話は有名である。

ヤクシャとともに常に神々と戦う鬼神に羅刹《らせつ》がある。『ラーマーヤナ』にはラーヴァナという羅刹王が登場し、最終的にはラーマ王子に殺される。男の羅刹は極めて醜悪な風体をして狂暴であり、羅刹女《らせつにょ》は絶世の美女揃いであるが、心は氷のように冷たく残忍であるといわれている。とりわけ、人間の男には容赦なく攻撃を仕掛け、完膚無きまでにやっつけるといわれている。

しかし、女性には常に優しい眼差しを向けて見守り、危急のときには救済の手を差し伸べるという。『法華経《ほけきょう》』には「十羅刹女《じゅうらせつにょ》」と呼ばれる一〇人の羅刹女が登場し、女性の守護神として信仰されている。

日本にも八百万《やおよろず》といわれるほど多くの神がいるが、ヒンドゥー教にはさらに多くの神々がいると考えられる。しかも、それらの神々は多くの別名を持ち、時と場所によって変化身《へんげしん》（アヴァターラ）を現すからその多様性は他の宗教の神には見られないものである。

神々は祭祀のときに呼び出され、さまざまな供物が火の中に捧げられる。これは密教の護摩供養の原点で、神々は供物に満足すると人々の願いを叶えてくれると考えられている。一回の祭祀に呼び出される神は一柱で、祈願の内容によって異なる神が呼び出される。たとえば、雨乞《ご》いの祈願のときには水神が呼び出され、戦勝祈願には戦闘の神が呼び出される。

このように祈願ごとに祭神が変わる信仰形態をドイツのインド学者マックス・ミュラー▼注1は「交替神教《こうたいしんきょう》」と名付けたが、これは日本の神祀りの形態とも近似しているといえるだろう。日本でも古くから雨乞いのときには水神を、五穀豊穣を祈るときには稲荷神を勧請してきたのである。

祭祀の主役は神であり、ヒンドゥー教の寺院には実に多くの神々が祀られているが、一つの祭祀に呼び出される祭神はあくまでも一神であって、決して複数の神が呼び出されることはない。その点で多神教のヒンドゥー教には一神教と共通する側面があると言うことができるだろう。

このことは日本の神の信仰にも共通して言えることでもある。日本の神社には摂社や末社▼注2などと呼ばれる複数の小祠《しょうし》があり、そこにそれぞれ主祭神とは異なる神が祀られている。参拝者は本殿で主祭神を拝し、境内の小祠の神に別の祈願をするのである。たとえば、学問の神・菅原道真《すがわらのみちざね》を祀る天神《てんじん》社では本殿では学業成就や合格祈願をし、境内の末社、稲荷社では商売繁盛を祈願するといった具合である。

軽々にヒンドゥー教と日本の神道を比較して類似点や共通点を見出《みいだ》すことは避けなければならないが、両者の間には共通点があることは確かである。

注1　マックス・ミュラー（一八二三〜一九〇〇）　一八世紀から一九世紀にかけてイギリスをはじめとするヨーロッパの列強がアジアに進出し、イギリスがインドを植民地にするとインドの歴史や宗教、哲学、地勢などインド全般に対する研究が始まった。マックス・ミュラーはその草分け的存在で、同時代のフランスの東洋学者ウジェーヌ・ビュルヌフ（一

八〇一～一八五二）やドイツの仏教学者パウル・ドイッセン（一八四五～一九一九）等とともに、インド哲学や仏教研究の基礎を築いた。そのようなインド哲学や仏教の科学的、実証的研究は明治の初年に日本にも伝えられ、南条文雄《なんじょうぶんゆう》（一八四九～一九二七）や高楠《たかくす》順次郎《じゅんじろう》（一八六六～一九四五）などがイギリスやドイツに留学してマックス・ミュラー等に師事し、帰国して東京帝国大学（現在の東京大学）などで教鞭《きょうべん》をとった。

注2　摂社や末社　摂社は主祭神と神縁関係など関わりの深い神を祀った社で、たとえば、北野《きたの》天満宮《てんまんぐう》など規模の大きい天神社の境内には「伴氏社《ばんししゃ》」という小祠堂がある。「伴氏」とは道真の母親の氏名である。また、多くの神社に稲荷社が祀られている。たとえば、八《はち》幡《まん》社の境内に祀られている稲荷社は主祭神の八幡神とは関係がない。この場合、稲荷社を摂社と呼ぶのである。

参考文献

『ヒンドゥー教10講』赤松明彦著（岩波新書）
『ヒンドゥー教』クシティ・モーハン・セーン、中川正生訳（講談社現代新書）
『原典訳マハーバーラタ』上村勝彦訳（ちくま学芸文庫）
『新訳ラーマーヤナ』中村了昭訳（東洋文庫）
『ヒンドゥー教――インドの聖と俗』森本達雄著（中公新書）
『インドの歴史』近藤治著（講談社現代新書）
『古代インドの神秘思想』服部正明著（講談社現代新書）
『バガヴァッド・ギーター』上村勝彦訳（岩波文庫）
『シャクンタラー姫』辻直四郎訳（岩波文庫）
『インド哲学の自我思想』金倉圓照著（大蔵出版）
『シャンカラの思想』中村元著（岩波書店）
『ことばの形而上学』中村元著（岩波書店）
『ブラフマ・スートラの哲学』中村元著（岩波書店）
『仏教・インド思想辞典』早島鏡正監修・高崎直道編集代表（春秋社）
『インドの美術』佐和隆研著（社会思想社刊・現代教養文庫）
『インドで考えたこと』堀田善衞著（岩波新書）

〈図版所蔵・提供〉
インダス川とヒマラヤ山脈、街中を闊歩する牛、ガンジス川 沐浴の光景、ハリドワール、インドの路地のシヴァリンガ（フォトライブラリー）
『リグ・ヴェーダ』聖典の写本（国立民族学博物館「中西コレクション」）
ハヌマーンのラーマへの会見、絵因果経、梵天、十一面観音菩薩（ColBase https://colbase.nich.go.jp/）
マハトマ・ガンジー（ニューヨーク公共図書館）
三神一体、ガネーシャ、ドゥルガーとカーリー、ラーマとラクシュマナをランカー島へ運ぶハヌマーン（東京外国語大学・長谷川明・町田和彦）
シヴァとヴィシュヌ、クリシュナ、ラクシュミーとサラスヴァティー（福岡アジア美術館）

〈地図・相関図作成〉
小林美和子

よくわかるヒンドゥー教《きょう》

瓜生《うりゅう》 中《なか》

令和4年 2月25日 初版発行
令和6年 10月30日 再版発行

発行者●山下直久

発行●株式会社KADOKAWA
〒102-8177 東京都千代田区富士見2-13-3
電話 0570-002-301(ナビダイヤル)

角川文庫 23069

印刷所●株式会社KADOKAWA
製本所●株式会社KADOKAWA

表紙画●和田三造

ISBN 978-4-04-400671-6 C0114

◆◇◇

角川文庫発刊に際して

角川源義

第二次世界大戦の敗北は、軍事力の敗北であった以上に、私たちの若い文化力の敗退であった。私たちの文化が戦争に対して如何に無力であり、単なるあだ花に過ぎなかったかを、私たちは身を以て体験し痛感した。西洋近代文化の摂取にとって、明治以後八十年の歳月は決して短かすぎたとは言えない。にもかかわらず、近代文化の伝統を確立し、自由な批判と柔軟な良識に富む文化層として自らを形成することに私たちは失敗して来た。そしてこれは、各層への文化の普及滲透を任務とする出版人の責任でもあった。

一九四五年以来、私たちは再び振出しに戻り、第一歩から踏み出すことを余儀なくされた。これは大きな不幸ではあるが、反面、これまでの混沌・未熟・歪曲の中にあった我が国の文化に秩序と確たる基礎を齎らすためには絶好の機会でもある。角川書店は、このような祖国の文化的危機にあたり、微力をも顧みず再建の礎石たるべき抱負と決意とをもって出発したが、ここに創立以来の念願を果すべく角川文庫を発刊する。これまで刊行されたあらゆる全集叢書文庫類の長所と短所とを検討し、古今東西の不朽の典籍を、良心的編集のもとに、廉価に、そして書架にふさわしい美本として、多くのひとびとに提供しようとする。しかし私たちは徒らに百科全書的な知識のジレッタントを作ることを目的とせず、あくまで祖国の文化に秩序と再建への道を示し、この文庫を角川書店の栄ある事業として、今後永久に継続発展せしめ、学芸と教養との殿堂として大成せんことを期したい。多くの読書子の愛情ある忠言と支持とによって、この希望と抱負とを完遂せしめられんことを願う。

一九四九年五月三日